贝页
ENRICH YOUR LIFE

最优解人生

如何花钱，才能无憾

〔美〕比尔·珀金斯 —— 著　聂亚舫 —— 译
（Bill Perkins）

文汇出版社

图书在版编目（CIP）数据

最优解人生：如何花钱，才能无憾／（美）比尔·帕金斯（Bill Perkins）著；聂亚舫译. —上海：文汇出版社，2023.3

ISBN 978-7-5496-3949-6

Ⅰ.①最… Ⅱ.①比… ②聂… Ⅲ.①私人投资-通俗读物 Ⅳ.①F830.59-49

中国版本图书馆CIP数据核字（2023）第002446号

DIE WITH ZERO：Getting All You Can from Your Money and Your Life

by Bill Perkins

Copyright © 2020 by William O. Perkins III

Graphics by Charles Denniston. Used by permission.

Published by arrangement with HarperCollins Publishers LLC through Bardon-Chinese Media Agency

Simplified Chinese translation copyright © 2023 by Golden Rose Books Co., Ltd.

ALL RIGHTS RESERVED

上海市版权局著作权合同登记号：图字 09-2022-1953

最优解人生：如何花钱，才能无憾

作　　者／〔美〕比尔·帕金斯
译　　者／聂亚舫
责任编辑／戴　铮
封面设计／拾野文化
版式设计／汤惟惟
出版发行／**文匯**出版社
　　　　　上海市威海路755号
　　　　　（邮政编码：200041）
印刷装订／上海普顺印刷包装有限公司
版　　次／2023年3月第1版
印　　次／2025年3月第4次印刷
开　　本／889毫米×1194毫米　1/32
字　　数／128千字
印　　张／7
书　　号／ISBN 978-7-5496-3949-6
定　　价／59.00元

献给斯凯和布里萨，
愿你们拥有最充实的人生，充满冒险与爱

目　录

写在前面

1　极致人生

2　投资体验

写在前面

　　大家可能都听过《伊索寓言》里那个经典故事《蚂蚁和蚱蜢》：为了准备冬天的食物，勤劳的蚂蚁不停地劳作，忙碌了一整个夏天，而无忧无虑的蚱蜢则在玩乐中随意度过。等到冬天，蚂蚁活了下来，蚱蜢却饥寒交迫。这个故事的寓意何在？它告诉我们，该工作的时候工作，该玩的时候玩。

　　故事寓意很好。**可是，蚂蚁何时能玩？**

　　这就是本书的主题。我们知道蚱蜢最后饿死了，但是蚂蚁呢？如果蚂蚁把短暂的一生都用来辛勤劳作，它什么时候才能放松玩乐？我们都要生存，但是我们想要的不仅仅是生存，我们希望**真正地生活**。

　　这便是本书的核心所在：人生须尽兴，而不仅是图存活。

本书不是教你如何增长财富，而是如何充实人生。

我思考这些问题已有数年，还曾和朋友、同事争论，现在我将成果呈现给诸位。不是所有问题都有解，但我确信有些解答能丰富你的人生。

我不是经过认证的财务规划师，也不是家庭投资顾问。我只是一个希望拥有极致人生的人，愿"极致人生"亦是你之所想。

我相信每个人都向往极致人生，但现实中并非人人都能实现。这里我先友情提醒一下：如果你生活拮据，这本书可能让你有所收获，可是收获将远不如那些自身的经济条件、健康状况和自由时间足以使他们真正最有效利用那些资源的人。

请继续往下读，我希望本书至少能让你重新深入思考你对人生的一些基本假设。

比尔·帕金斯
2019 年夏

1

极致人生

准则 1 | 正面人生体验最大化

　　艾琳和丈夫约翰都是事业有成的律师，两人育有三个年幼的孩子。未料，2008 年 10 月，约翰查出透明细胞肉瘤，这是一种快速生长的罕见软组织癌症。忆及此事，艾琳说："谁能想到，一个健健康康的，35 岁的人，会长出一个棒球大小的肿瘤。"因此，先前也没有人怀疑约翰得的是癌症，直到肿瘤扩散到他的背部及腿部骨骼。艾琳说："他做 X 光检查之前，我们都不知道他的病有多严重，他的 X 光片就像被点亮的圣诞树。"诊断结果吓坏了她。由于约翰病得无法工作，照顾家庭的重担全落到艾琳身上，她一个人，身体和经济上都吃不消。

艾琳是我的发小，所以我想竭尽所能帮她减轻点负担。"别再上班了，"我跟她说，"趁着约翰情况还可以，多陪陪他和孩子。"我还提出可以予以经济支持。

结果证明，她和我心有灵犀：艾琳早已动了辞职的念头，想集中精力做真正重要的事情。她说到做到。在约翰治疗癌症期间，他们于爱荷华州的家里相互陪伴，享受这种简单的快乐：一起去公园，看电影，玩游戏，一起接孩子放学。

到了11月，当地医生已竭尽全力，但未见成效。刚好艾琳发现波士顿正在进行一种临床试验，于是陪着约翰去了几趟，接受了这种试验性疗法。当时约翰还能走路，他们还趁着空隙参观了波士顿的一些历史景点。然而，不幸的是，他们的希望很快就破灭了。有一天，约翰想到自己将错过太多太多：看不到孩子长大成人，不能与艾琳白头偕老……整个人都崩溃了。

2009年1月，约翰去世，距离他确诊仅三个月。回首这段时日，创伤与悲痛涌上心间，但艾琳很欣慰自己辞了工作，在家陪约翰。

大多数人遇到这种情况，都会做出同样的选择。死亡让人醒觉，越靠近死亡就越清醒。当终点临近，我们突然开始思考：**我这是在干什么？我为什么要等这么久？**在此之前，我们大多数人似乎都觉得自己拥有无尽的时间，并用这样的态度生活着。

但有些延迟行为是合理的，因为把每天都当作人生最后一天会很愚蠢：你会不想工作，不学习、备考，不去看牙医。所以，一定程度的延迟满足是可取的，因为长期来看会有回报。但可悲的事实是，太多人延迟太久，或干脆无限拖延。他们一直拖着不去做想做的事，直到后悔莫及，想着等攒够钱了再去体验，却永远享受不到。抱着人生无限的态度生活，是没有远见、极度短视的。

显然，艾琳和约翰的例子很极端。晚期透明细胞肉瘤非常罕见，相比大多数人，死亡对夫妻俩来说更加近在眼前。但疾病带来的类似挑战却极为普遍：通常来说，每个人的身体状况都会随时间推移而变差，而且每个人或早或晚都会死，所以我们每个人都必须回答这个问题：我们如何将自己有限的一生过到极致？

这听起来像一个高深的哲学问题，但我不这么认为。我受的是工程师训练，靠自己的分析技能积累财富，所以我把这个问题看作一个"最优化问题"：如何将充实感最大化，将浪费最小化。

普遍的问题

我们每个人都面临不同版本的这个问题。当然，人人生而不同，而且常常是大不相同，但每个人面对的核心问题都是一样的：在我们去世前，分配生命能量的最佳方式是什么？

这个问题我思考了很多年，从我赚的钱仅够糊口的时候就开始了，随着时间推移，我想出了几条合理的指导原则，它们也是本书的思想基础。例如，有些体验只能在特定时间享受：大多数人无法在90多岁去滑水（water-skiing）。另一条原则：尽管我们每个人都至少有可能在未来赚更多钱，但我们绝对无法回到过去并夺回逝去的时间。所以，不要因为怕浪费钱而错过机会，浪费生命才是更应该担心的。

我对这些理念深信不疑，并且一有机会就向人宣扬。有25岁的年轻人，不敢追求理想职业，而去谋一份安稳但摧毁灵魂的工作；也有60岁的老人，明明是百万富翁，却仍然长时间工作存养老钱，而不是享受已经积累的巨额财富。我不愿看到人们浪费资源、不能尽情地活在当下，因此我都会劝说他们。我自己也尽可能践行我宣扬的理念。诚然，有时候我也会像场外大腹便便的橄榄球教练，光说不做，但是，当我抓到自己的"言行不一"时，会做出修正，后面我会提到一些实例。没有人是完美的，但我尽量说到做到。

我们既相同，又有所不同

充实的生活形式多样。例如，我喜欢旅行，喜欢玩扑克，所以我经常旅行，其中有些旅行就是去参加扑克锦标赛。这意味着每年我都要花很大一部分积蓄在旅行和玩扑克上。但是，不要误会，我并不提倡每个人都把积蓄花在旅行上，更不消说扑克了。我提倡的是，找到能让你开心的事，然后花钱去体验。

每个人喜好的体验各不相同。有些人活力十足好冒险，有些人不喜欢离家太远。有些人把钱花在自己及亲友身上时，能获得巨大满足，有些人更喜欢花费时间和金钱去帮助比自己不幸的人。当然，我们的喜好可能多种多样。我喜欢旅行，但我同样喜欢花费时间和金钱到我在意的事情上，从激烈批评所谓的"救助银行"，到帮助美属维尔京群岛的飓风灾民，不一而足。因此，我绝对无意跟你说哪些体验好，哪些体验不好，而是你应该审慎且主动地选择自己想要的体验，不要随波逐流地生活——可惜太多人做不到。

当然，这不是搞清楚什么能让自己开心，然后随心所欲地花钱体验就够了——事情没那么简单。因为，我们在人生的不同阶段对各种体验的享受能力会发生变化。试想一下：当你还不会走路时，父母带着你去意大利旅游，你从这趟昂贵的度假中能收获什么？或许唯一的收获就是你从此爱上意式冰激凌并爱了一辈子？再想想另一种极端的情况：当你90多岁时，你认为自己去爬罗马的西班牙阶梯还能获得多大乐趣？——就算你能活到那个年纪，并且勉强还能爬楼梯。一篇经济学期刊的文章标题"没了健康，财富还有什么用？"[1]就一语中的。

换句话说，要想将你的时间和金钱用到极致，时机很重要。所以，为了总体上增加你人生的充实感，在合适的年龄获得各种体验很重要。无论你喜欢什么，或者你有多少钱，都是如此。所以，就算每个人一生的充实程度有高有低——例如，可自由支配的收入相对较少的人，充实感多半比较低，而幸福的人充实感自然会比较高——我们每个人都需要在适当的时机实现某种体验。从你的体验中获得最大充实感，利用你的资源合理安排时间与金钱，让价值最大化，这就是你人生的最优解。把握好那些关键决定，你就掌控了自己的人生。

"荣誉亿万富翁"

我的一些朋友叫我"荣誉亿万富翁"，就是你理解的那样：我实际上并非亿万富翁，但我花钱的方式像一名亿万富翁。

不过现实是，大部分亿万富翁活着的时候花不完自己的钱。就算奢侈到极致，一个人能花在自己身上的钱也是有限的，所以超级富豪们多半都会捐出很多钱。可总的来看，美国最富有的 2,000 个家庭（大部分是老年人家庭）每年仅捐出他们全部财富的 1%，照此速度，他们在死前不可能花光自己的巨额家资。[2] 不止吝啬的超级富豪如此，所谓"最富有的家庭"也包括当今最大方的慈善家，例如比尔·盖茨、沃伦·巴菲特及迈克尔·布隆伯格等人，他们都表态要散尽家财。然而，就算是这些超级捐赠者，其花钱速度也成问题。部分原因是，他们积累了太多财富，并且其财富每年都在增长，远多于他们以负责任的态度、经过深思熟虑后捐出的财产。例如盖茨的财产自 2010 年以来几乎翻倍——这还是他全力投身于人类疾病与贫困问题后的数字。尽管我不愿刁难为世界做了这么多好事的人，但我还是忍不住想，如果盖茨此刻就能有效利用他的巨大财富，那效用将增加多少！

至少盖茨拥有这种智慧和先见之明：他在尚且年轻时，就停止了为钱工作，并趁早开始资助那些伟大的事业。许多有钱的成功人士无法做到这一点。甚至对于盖茨来说，他都应该在赚到几辈子都花不完的钱之前，早一点停止有偿工作。人生不是《太空侵略者》游戏——并非你赚到的每一分钱都会让你获得积分——可很多人都将人生看作积分游戏。他们只是一味地赚钱再赚钱，只想着将财富最大化，却几乎从未想过从财富中获得最大效用，如他们现在，而非临终前，能给予子女、朋友及社会大众什么。

一次改变我人生的对话

我以前可不是这么想的，我大学毕业从事第一份工作时，就绝对没有这些想法。在爱荷华大学读书时，我爱踢橄榄球，学的专业是电气工程。尽管我热爱工程学，直到现在仍有最优化思维，但是在校园招聘开始后，我就知道典型的工程职业道路不适合我。比方说，去一家类似IBM的公司工作，我可能要盯着一种芯片某个极微小的部分工作多年，才能得到机会去做真正的设计工作。这很无趣。僵硬死板的日程安排，以及每年只有几个星期的假期，都会妨碍我去做其他想做的事。不可否认，我当时还年轻，拥有一些宏伟的错觉，但是我很肯定会有更适合自己的工作。

《华尔街》（Wall Street）这部电影上映于我读大学时，现在大部分人似乎都对它嗤之以鼻。我们嘲笑迈克尔·道格拉斯饰演的梳着油头的戈登·盖柯，他在电影里告诉我们："这么说吧，贪婪是好的。"我们都知道那种无节制的资本主义将我们国家带向了何处。但是，在当时，电影所呈现的富裕的、随心所欲的生活方式真的很吸引我。我觉得金融业或许可以给我想要的那种自由。

于是，我在纽约商品交易所交易厅找了份差事。我的职位是场内经纪助理（Screen Clerk），但我还得当助手，兼打杂，干一些诸如帮老板们把三明治偷偷带进交易厅之类的活。这份差事相当于好莱坞收发室的工作，只不过是在金融业而已。

我最初的年薪是16,000美元，即便是在20世纪90年代初，这个收入在纽约市也很难活下去，因此我搬回新泽西州奥兰治的家里和母亲同住。等到我升职为场内经纪首席助理后，年薪涨到了18,000美元，我才有能力搬到曼哈顿上西区跟人合租一个单间公寓。我和室友简单隔出一堵墙，这样我才拥有了一间所谓的"卧室"——只有比萨烤炉那么大。那些日子我的可支配收入少得可怜，少到如果不买地铁月票都会完蛋，因为我无法负担每天单算的全价票。跟约会对象出去看电影时，她点一桶爆米花我都会紧张到汗如雨下——真的一点不夸张。

因此，我晚上开着老板的豪华轿车，出去拉客赚点外快。我变得超级节俭，希望尽可能多存点钱。当时我认识的唯一比我节省的人是我的朋友托尼，他会将没爆的爆米花收集起来放进冰箱，待它们回潮后再次使用。

我为自己的节俭感到自豪，我对自己非常满意——工资这么低还能存下钱。然后有一天，我跟我的老板，也是公司合伙人的乔·法雷尔聊天时，不知怎么就聊到了我的存款。我跟他说我存了多少多少钱——现在回头去想，当时我大概已存了1,000美元——我原以为他会钦佩我的金钱管理能力，万万没料到，我大错特错！他的反应非常伤人：

"你脑子进水了吗？这个钱也要存？"

他的话就像一巴掌打在我脸上。他继续说："你来这里是要赚大钱的，你未来会大赚特赚的！你认为自己这辈子年薪将一直是一万八吗？"

他说得对，我来华尔街工作不是为了只赚这么一点，而且我几乎可以肯定未来几年我能赚更多。所以，我现在工资这么少，为什么还要省吃俭用为未来存一笔钱？我现在就要把那笔少得可怜的 1,000 美元花光！

这是改变我人生的一刻——让我脑子开窍，让我对收支平衡有了新的理解。我当时并不知道，但乔·法雷尔那番话实际上体现了一个颇为古老的财会概念，也就是所谓的"消费平滑"。我们的月收入或年收入或许常有变化，但这并不意味着我们的消费也应该跟着变化——将那些变化"摊匀"，对我们更有利。简单来说，要做到这一点，我们需要将"丰年"的钱匀给"荒年"，这也是储蓄账户的用途之一。但是就我来说，我完全是"反向"利用自己的储蓄账户：从现在年轻吃不饱饭的我手中把钱夺走，交给未来那个更有钱的我！难怪乔要说我脑子进水了。

读到这里，你可能会说：好吧，消费平滑从理论上说得通，但是你怎么能确定你未来会比现在更富有？不是每个场内经纪助理都会成功，就好比并非每个好莱坞收发室的小屁孩都会变成业界大佬。这个问题问得没毛病，我第一个承认，我能有现在的成就，是诸多天时地利人和的结果。我确实无法预测我未来的收入，但是，对于我收入的"**走向**"，我很有自信。我不知道我未来是否会年薪百万，但是我很肯定，我的年薪将超过一万八！事实上，哪怕我去做服务生，收入也能超过这个数。

要钱还是要生活?

大约是在这个时候，我读到了一本重要且有影响力的书《要钱还是要生活》(*Your Money or Your life*)，作者是维姬·罗宾（Vicki Robins）及乔·多明格斯（Joe Dominguez）。这本书我已反复读了好几遍，25年过去了，它又受到新一代读者的喜爱，他们中的很多人是"FIRE运动"（"FIRE"为"financial independence, retire early"的缩写，意为财务独立，提早退休）成员。这本书彻底改变了我对自己的时间及人生价值的理解：通过阅读这本书，我意识到自己是在浪费人生的宝贵时间。

何出此言?《要钱还是要生活》这本书提出，你的钱代表了生命能量。生命能量是你活着的所有时间，只要你工作，你就消耗了有限的生命能量。通过工作赚的每一分钱，都代表了相应消耗的生命能量。无论薪水高低，都是如此。所以，即使你时薪仅8美元，将这8美元花出去，也相当于消耗了一小时的生命能量。这个简单的观念对我影响很大，其冲击甚于"时间就是金钱"这句俗语。**你夺走我的生命能量，然后拿钞票当补偿！**真令人深思。这就像《黑客帝国》的结尾，尼奥走在人群中，看到这个世界真实的样子。读完这本书，我就是如此：开始计算买一样东西需要花费的时间。看到一件漂亮衬衣，心算之后，我会想：不，你不能让我工作两小时，赚到的钱却只够买这件衬衣!

我还从这本书里吸收了一些别的观点，但这里只分享和本章内容关系最密切的一条：从时薪角度看，薪水较高不一定意味着实际收入更高。例如，一个人年薪仅四万美元，另一个人年薪七万美元，但实际上，前者每小时赚的钱可能比后者更多，原因何在呢？这也和生命能量有关。如果年薪七万美元的工作需要耗费你更多生命能量（需要长时间通勤去城里，因工作更"体面"，置装费用也随涨，当然工作本身可能也需要投入更多时间），结果到头来，薪水较高的那个人往往更贫穷。同样，表面上赚更多的人，享受金钱的时间也更少。所以当你权衡不同工作时，你真的要考虑那些隐形但必不可少的成本。

对我来说，让我纠结的是饼干。因为膝盖软骨及其他身体原因，我想要维持一定的体重，所以每当看到一块饼干，我都会将它转换为"跑步机上的锻炼时间"。有时候，要是碰到一块看上去很美味的饼干，我会吃一口尝尝味道，然后问自己：**它值得我在跑步机上多跑一小时吗？**有时候答案是"值得"（尽管常常是"不值得"），但无论是否值当，我从来都是先思考再做决定。这类计算，无论是关于时间与金钱，还是关于食物与锻炼，都让我们的选择更审慎。这也意味着，相比凭冲动或习惯，这样做出的选择更好。

我的意思并非是说所有工作或所有锻炼都是在浪费时间。你很可能享受自己工作的某些方面，事实上，有些活就算没有报酬，你可能也乐意去干。不过，这只可能是大部分人工作中极微小的部分：如果不用上班赚钱，我们大多数人会选择干点别的。

作为美国人，我们倾向于旧式的职业伦理。可是，在很多文化中，人们认为生活远不止工作，你只要看看许多欧洲国家每年的带薪假期有多少就知道了，像法国和德国，带薪假期有六周，甚至更多！圣巴特岛是我最爱的地方之一，岛上每家店铺中午都会打烊两小时，人们可以利用这段时间和朋友聚会，享受一顿美好的悠长午餐。这种工作与生活的平衡，比我们大部分人习以为常的方式都要妙。

你的人生是你体验的总和

上文也很契合《要钱还是要生活》的观点。最重要的是，这本书的作者劝告我们不要牺牲生活去赚钱，希望我们不要成为工作及钱财的奴隶。那么要实现这样的财务自由，书里有什么建议呢？ 他们给出的答案是节俭：选择简单的生活，这样你就**无需**太多开销了。然而，虽然此书改变了我的人生，但这个观点我**不太苟同**，也不倡导。

相反，我坚信体验的价值。体验不一定要花很多钱，甚至免费可得，当然有价值的体验往往需要花一些钱。难忘的旅行、参加演唱会、追求企业家梦想或者新的爱好，所有这些体验都要花钱，有时候还不便宜。对我来说，这些都物有所值。

许多心理学研究都表明，相比于花钱买**物品**，将钱花在体验上能让我们更加快乐。物质财富刚开始可能令人非常开心，但是它们往往会迅速贬值。与此不同，体验会随着时间增值，我称之为"回忆红利"，下一章我将详细阐述。明明手头宽裕，过起日子却紧紧巴巴，这会让你错失一些体验，让你的世界无谓地变得窄小。

你的人生是你体验的总和。但是，为了拥有极致的人生，如何才能将你体验的价值最大化？或者像我前面说的：在你活着的时候，消耗生命能量的最佳方式是什么？

本书就是我对这个问题的解答。

本书由来

本书的前身是一款 app。我知道每个人必然都有一种消耗生命能量的最佳方式，可大部分人都没有找到。部分原因是计算的复杂性：作为人类，我们难以处理包含多个变量的大量数据，当我们不堪重负时，就会进入"随波逐流"模式，最终远离最佳模式。计算机更擅长解决此类问题，所以我觉得要开发一个 app 帮人们实现极致人生，或者至少尽可能发挥人力与计算机的潜能。

几年前，有一次我去找我的医生——洛杉矶有些医生基本上可称作"长寿科"大夫，他就是其中之一。他叫克里斯·伦纳，在一家名为"健康人生"（LifeSpan）的诊所工作，该诊所会做超级全面的检查，以便尽早发现问题。越早发现异常，免遭不幸并拥有健康人生的可能性就越大。例如你某个部位被拉伤了，如果及时阻止其恶化，那么你的生活质量也将提高。所以，为了尽早发现健康问题，伦纳医生当时问了我各种问题，例如"你睡眠时长能达到 7 小时吗？""你的感情生活如何？""你小便有任何问题吗？"，能问的他都问了。然后，他问了一个心理评估中的经济压力问题："你担心自己的钱被花光吗？"

我回答说："我想要把自己的钱花得一分不剩！"

他一脸困惑，于是我开始那一整套"渴望人生充满体验"的演讲。我还说一旦我死了，就没法再花钱，以及年纪大了，很多体验就没法实现，因此我的目标应该是死前归零。

他说从来没听过这样的答案。即便他的病人以富人居多，很多人还是担心自己的钱会花得一干二净。我跟他说，我正在开发一款 app 帮人们解决这个问题，然后他说："不，你必须写一本书。你必须给出完整的论述，解释全部概念，而且不能只讲给你 app 的用户听。你必须现在就开始写！"他甚至给我介绍了一些写手！

但是，你现在读到的这本书，与伦纳医生想象中的那本有所不同。事实证明，最让他兴奋的那些死前归零的新奇原因，却让很多人"无动于衷"。显然，并非只有富人担心钱被花空，许多听过我观点的人都是如此。所以，我会就这个问题反复论述，贯穿全书。毕竟，如果一个人担心**死前**花光了钱，就绝无可能"死前归零"。

不过，我想明确的一点是，不同的人对财务的担忧有所区别。有些毫无道理：他们明明拥有大量资源，只要合理规划，就不必担心钱财枯竭。我写作的对象就是这类存款太多反而适得其反的人。但是，美国有数百万人，美国之外有数十亿人，担心钱被花光绝不是庸人自扰。不幸的是，我们中最贫穷的那些人也在此列：如果一个人可自由支配的收入少得可怜或完全没有，那不难想象，在如何花钱方面，这个人基本上毫无选择，因此，"生存"理应成为其生活的重心。对于穷人来说，在工作与玩乐之间，或者当下消费与投资未来之间找到最佳平衡纯属奢谈。在极端生活条件的限制下，穷人很可能早就精打细算，尽全力把日子过好一点了。

对于消费无节制的人来说，担心钱包空瘪也在情理之中。这类人真的就是花钱太多太快，因此他们担心是应该的！我希望颠覆《蚂蚁和蚱蜢》这则寓言，告诉人们极端的延迟满足等于没有满足。但是我也非常清楚一个"不幸"的事实：许多人对蚱蜢的做法相当认同。

一定程度上，本书采取折中的态度。无论你是大手大脚的张三，因为不清楚自己的想法，而在未来将错失那些昂贵的体验；还是埋头苦干的李四，咬牙坚持不喜欢的工作，只为赚钱去实现某些体验——两种生活都不是最优解人生。尽管如此，本书更多是让蚂蚁靠向蚱蜢，而不是反过来。

次优解人生有很多种，但完全的最优解人生仅有一种。没人能做到完美，但是，遵循本书提出的这些原则可以避免最糟糕的错误，从而更有效地使用金钱与时间。

要如何实现呢？包括人类在内的所有生物都是能量处理单元。[3] 我们处理食物是为了给身体提供能量，而处理能量不仅能让我们存活于世，还可以让我们度过充实的一生：有了能量，我们就可以"行万里路"。行动即生命，我们在行动时持续收到反馈，因此伟大的人生冒险之旅能带来发现、惊奇、喜悦等各种体验。当你无法再处理能量时，你就被宣告死亡了，你的冒险也跟着结束了。本书的主题就是最大程度丰富你的人生冒险之旅。既然处理能量的回报是你选择的体验，那么获得极致人生的方式就是让这些体验的数量最大化，特别是正面体验。

可是这个"最大化"说易行难。要想获得极致人生，不是从现在开始，尽量抓住一切可能的正面人生体验就可以了，因为大部分体验都要花钱。（首先，提供生命能量的食物肯定就得花钱。）因此，尽管将所有的生命能量直接转化为体验的效率超高，但是，赚钱这个中间步骤往往省不了。换句话说，你至少必须消耗一些生命能量去工作，然后利用你赚到的钱去获得体验。

但是，当你此生的目标是尽可能活得充实时，搞清楚该花多少生命能量去赚钱（以及何时赚钱）、去获得体验，绝不是那么容易的事。原因之一就是，每个人在一些重要方面都不尽相同，真的有太多变量要考虑，因此这是一个复杂的最优化问题。这也是一款 app 能派上用场的原因，它能纳入许多变量并进行必要的计算，进而帮你比较不同的人生道路，告诉你哪条路让人生更充实。不过，即使是 app 也不能完美地实现最优化：一方面，就算是最复杂的模型，也不能完全捕捉人类生活的复杂性；另一方面，输入数据的质量决定了 app 输出结果的质量，然而大部分的输入数据并不完美。尽管如此，无论有没有软件的帮助，人们都可以明智地做出收支决定。虽然我现在并未找到所有答案，未来也绝无可能，但是对于前面提到以及后面将论述的那些指导原则，我很有信心。本书的每一章都将解释一项原则，或称为"准则"，它们能让你更加明智地分配宝贵的生命能量。每个人都绝对无法做到完美，但是，在生活中运用这些准则将让你离那个最优点更近一些。

我的总体目标是让你更加审慎、自觉地思考自己的人生，而不只是墨守成规地随波逐流。是的，我希望你规划自己的未来，但绝对不要忘了享受现在。人生只有一次，现在就开始思考如何拥有最刺激、最快乐、最满足的一生吧！

建　议

◎ 现在就开始积极思考你想要获得的人生体验和想要经历的次
数。体验有大有小，有免费的，有花钱的，有慈善的，有享乐的，
但建议你思考一下你真正想从人生中获得哪些有意义的难忘
体验。

2

投资体验

准则 2　|　提早开始投资体验

我 20 岁出头时，有过一个叫杰森·鲁福的室友，他当时做了一个决定：休假三个月左右，去欧洲背包旅行。他就是那个跟我在曼哈顿合租"比萨烤炉"公寓的朋友，我俩都是年薪18,000 美元的场内经纪首席助理。

要实现这样一趟旅行，杰森必须暂停工作，还得找人借个万把块，而唯一肯借他这么多钱的只有放高利贷的。众所周知，高利贷就是那种不要抵押、不在乎你信用报告的借款人，因为他们有别的手段让你还钱。

我跟杰森说："你疯了吗？借高利贷？你的腿会被打断！"

我不止担心他的人身安全，因为去欧洲旅行意味着他将错过工作晋升的机会。对我来说，这个想法就跟登月一样陌生。我也绝对不可能跟他一起去。

但是杰森下定决心，所以他飞去了伦敦，拿着一张欧洲铁路通票无计划地独自旅行，他既紧张又兴奋。旅行几个月回来后，他的收入并没有和我的出现明显差异，但是，他这趟旅行的照片及故事表明：他比我富有太多了。要知道当时是20世纪90年代初，还没有高速网络及谷歌地球。如果你不亲自去布拉格，又想知道布拉格长什么样，就必须找一本介绍布拉格的精装画册（coffee-table photo book）。所以，听他的旅行故事，看他的旅行照片，就像是聆听一位异域探险者讲述精彩故事。

在德国，他参观了达豪的恐怖集中营。在巴黎，他和新认识的两个朋友在公园里一待就是一下午，享用法式长棍面包配奶酪及红酒，感觉一切皆有可能。最后他去了希腊群岛。旅行途中他还爱上一个女子，并第一次在海滩上体验了肌肤之亲。他认识了很多当地人及来自世界各地的年轻旅行者，他对自己、对他人、对其他文化的认识更加深刻，他感觉自己的世界被打开了。他那些关于异域文化及旅途中认识新朋友的故事都太棒了，我无比羡慕，后悔当初没跟他一起去。

随着时间的推移，那种悔恨的感觉与日俱增。我终于在30岁时去了趟欧洲，可一切都太晚了：我稍有点太老、太中产阶级了，住不了青年旅舍，和一群24岁的年轻人也玩不到一起了。另外，相比20出头的我，30岁的我肩负了太多责任，要想休假几个月去旅行变得更加艰难。最终，我很遗憾地得出一个结论：要是我早一点去该多好！

跟我一样，杰森也知道他欧洲之旅的时机选得有多合适："我现在已无福消受一个房间住20个人、上下铺糟糕透顶的青年旅舍，也无福消受背着重60磅（每磅约0.45千克）的背包穿街走巷坐火车。"

但和我不同的是，他真的说去就去了，所以没留下遗憾。实际上，尽管高利贷的利息很高，但他一点也不后悔借了那笔钱。"无论花了多少钱，比起我获得的那些人生体验，我都觉得自己是捡了大便宜，"他跟我说，"你无法夺走这些体验，就算你给我再多钱，我也绝对不会跟你换。"换句话说，他那趟旅行的收获是无价的。

当初杰森只是凭着直觉做出去欧洲旅行的决定，他并没有详细规划自己的整个人生，也没有趁年轻去**投资体验**的意识。某种意义上说，他是幸运的，因为他的直觉让他做出了一个这么棒的决定。但是，更常见的情况是，仅有直觉还不够，直觉常把我们带向错误的方向，而本书的目标就是让你更加审慎地做出人生选择——利用数据和理性决定该做什么、不该做什么。只有这样，你才能做出最佳决定。本章旨在教你用一种很可能比你惯用方式更加量化的方式来思考自己的人生体验。

人生要义

本章主要观点为你的人生是你体验的总和。也就是说，你人生里做的每一件事——你每天、每周、每月、每年及一生仅一次的所有体验——都决定了你是谁。当回顾自己的人生，你体验的丰富程度将决定你对自己人生充实程度的判断。因此，你理应认真思考自己想要获得何种体验，并努力进行规划。如果没有这种仔细的规划，你注定会跟社会上很多人一样按部就班、随波逐流地过完一生。你最终也会到达终点（死亡），但是，你这趟旅程很可能逊色于那种主动选择的旅程。

悲哀的是，太多人都是这样过完一生的。再打个比方，有人打了一口井，装了一个水泵，然后往一个杯子里抽水，水杯很快就满了，水开始漫出来，他喝了一小口之后继续抽水……在他生命尽头，发现自己抽了一辈子水，却依然感到口渴。这是多大的浪费啊！想象一下，如果你在弥留之际才发现这一生令你满足的体验如此之少，你将会多么悔恨。《唐顿庄园》里的管家卡森说过一句充满智慧的话："人生就是不断收集回忆的过程，最终能陪伴我们的也只有回忆了。"

这句话听上去很有道理，但是它属于那种让人左耳进右耳出的"哲思"：你听到的当下，可能连连点头称是，但一转身该怎样还怎样。例如，我父亲在时日无多时，他才深刻体会到人生最重要的就是收集回忆。

当时我父亲对于度假已完全有心无力，他的体能大大减弱，旅行对他来说风险太大。因此，我送给他一份为了"煽情"而"煽情"的礼物：一个充满回忆的 iPad 平板电脑。他曾经是爱荷华大学橄榄球队的成员，还在 1959 年作为鹰眼队的一员夺得玫瑰碗[1]冠军。所以，我剪辑了那个光荣赛季的高光片段，将其数码化之后存进那台平板电脑。我们总是通过回忆来重温人生的某个片段，我认为这种形式更容易唤起回忆，还能让回忆更加生动。毫无疑问，他很爱这份礼物。他拿着平板电脑看视频时一会笑，一会哭，整个人陷入美好的回忆之中。他年纪大了，无法再获得重要的新体验，可是这个高光时刻的视频却带给他巨大的喜悦。实际上，他认为这是他此生收过的最棒的礼物。我因此意识到我们是**靠回忆度过退休生活**的。当你因为身体虚弱而行动不便时，你仍然可以回顾自己的人生，体验到强烈的骄傲、喜悦及苦乐参半的怀旧情绪。

蚂蚁还是蚱蜢？

"靠回忆度过退休生活"这一看法，与许多关于退休的"老生常谈"截然相反。美国的打工人一直被告知必须存退休

---

[1] 玫瑰碗（Rose Bowl Game），指美国年度性的NCAA（全国大学体育协会）美式足球比赛。——编者注

金，需要定期往 401（k）计划 [1] 账户或个人退休账户（IRA）存钱。这就跟我们小时候被教育"存钱以备不时之需"一样，只不过我们长大后换了种说法。

例如，《蚂蚁和蚱蜢》这则寓言最为人熟知的改编版本是：蚂蚁在收获之后心满意足（且自鸣得意），蚱蜢则因为整个夏天都在玩乐而忍饥挨饿。这样的改编明确点出了蚂蚁和蚱蜢谁对谁错，显然错的是贪玩短视的蚱蜢。

但是请不要误解我的意思：我并不是说我们应该像蚱蜢一样，不为我们人生的冬天存钱；也不是认为人生即体验，所以我们花在体验上的每一分钱都是值得的。这是很愚蠢的。我要说的是，我们的文化倾向于忽视其他美德而过分强调蚂蚁的美德，即勤奋工作与延迟满足。这造成的结果就是，我们无法意识到其实蚱蜢身上也有闪光点。确实，如果蚱蜢储存一点食物会更好，但同样地，蚂蚁若多一点生活也会更好！我要在它们中间"取长补短"，帮你取得合适的平衡。实际上，我最喜欢有一版《蚂蚁和蚱蜢》传达的寓意："该工作就好好工作，该玩就好好玩。"[1] 在后面的章节，我将提供一些切实的工具帮你弄清何时该玩、何时该工作，何时该赚钱、何时该花钱（以及分别应该投入多少时间）。

---

[1] 401（k）计划始于20世纪80年代初，是一种由雇员、雇主共同缴费建立起来的完全基金式的养老保险制度。——编者注

什么是体验价值？

前面我说过人生是所有体验的总和，这并不是一个比喻性的说法：如果你赋予每个体验一个数值，那么多个体验的数值就可以相加。有了这个前提，你就可以比较不同的体验组合，这一步能最大化你人生的充实感。

那么如何给体验赋值呢？首先，类比玩游戏赚的积分，思考一下你从每项体验获得多少"愉悦积分"。高峰体验[1]将带给你很多**体验积分**，而微小的愉悦只能获得少量积分。赋予一项活动多少积分完全取决于你，因为每个人的价值观及兴趣都有所不同。一些人只喜欢打理自家花园，所以他们会说，只要打理花园就能获得很高的积分；但有些人会说，要想让他们修枝拔草，必须得**花钱请**，对他们来说打理花园毫无积分。（这个系统中没有负分。）

如果你将某一年——比如说去年——正面体验的积分加总，这样就能得到一个数字（例如 5,090 分），你可以用柱形图里的一个矩形块表示这个数字。数字越大，矩形块就越高——就这么简单。

你可以对过去每一年的正面体验做同样的操作。有些年份

---

[1] 高峰体验，心理学名词，为马斯洛在需求层次理论中提出，是指人们在自我实现得到最大满足时，一种极乐的、超越自我的完美情感体验。——编者注

好，有些年份差，原因各种各样，有些原因是你没法控制的。（例如，如果一场事故让你卧床 12 个月，那么这一年你很可能不会有太多愉悦的体验。）但是，本书将关注下面这个问题：如何通过决定把握好你能控制的因素？要知道，你是可以掌控一些因素的，其中最大的因素之一是每个年龄段花多少时间赚钱，花多少时间收获愉悦的体验，就像蚂蚁和蚱蜢面对的如何平衡工作与玩乐的问题。做好这些决定，你就改变了柱形图矩形块的高度，进而改变曲线的形状。后文将深入讨论如何取得上述的平衡，但在这里，我只想帮大家理解"人生是所有体验的总和"这句话的准确含义。

图 1 七年间的一条充实感曲线示例

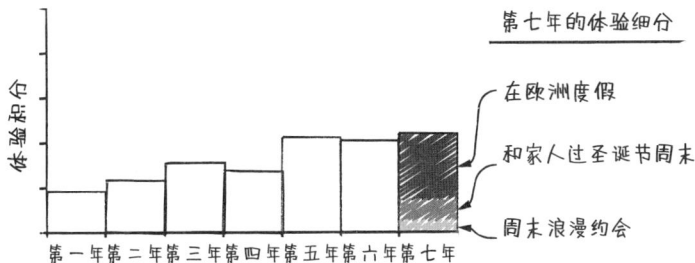

矩形块的高低代表每年体验积分的数值。所有矩形块的上沿共同构成你的充实感曲线。因此，你的总体充实感增加时，曲线下面积也将增加，通过控制曲线的形状，你也掌控了自己的人生

回忆红利

本章的主题是让你投资体验，但体验真的是一项投资吗？我的意思是，体验显然需要花费时间和金钱，可你在获得体验的当下，就能体会到愉悦，只需要这一个理由，体验就"物有所值"。但是，我下面要解释为何说体验也是对未来的投资。

首先，让我们讨论一下投资是什么。大部分人听到这个词，第一时间想到的应该是股票或债券，或者不同投资的组合，例如股票、债券及房地产的组合。所有投资的共同点是什么？它们都只是创造"未来收入"的机制。当你买入股票，例如 IBM 的股票，你希望未来卖出的价格能比买入的高，或者至少能赚一点 IBM 发给股东的股息——这只占 IBM 每年利润微不足道的部分。目前为止，我说的你都能理解吧？房地产投资也是如此：你买下一栋房子，是因为你认为过几年转手能赚一笔钱，同时你还能将房子租出去，只要租客交房租，每个月就能赚一笔被动收入。如果你拥有一家生产小玩意的工厂，然后你买了一台新的机器，不仅生产速度加倍，瑕疵品也更少，那这台新机器就是生意中的一项投资。

很好理解，对吧？现在想一想如何扩展这个概念，有些事我们一直在做但不一定会从投资的角度去思考。例如，你花钱供自己小孩读本科或研究生，那为什么要每年花这笔好几万的钱？因为你认为这是值得的。你很可能相信自己的儿子或女儿将获得技能和学位，他们毕业后的收入将比不念大学的收入要高得多。但是，你也有可能怀疑他们的学位到底会不会换来回报。比如说，你儿子想学习喜马拉雅斜纹式篮子编织专业，但是你听说现在都是用机器人编篮子了，而且它们编得非常好，能赚大钱的编篮工作越来越少。在这种情况下，你替他支付巨额学费的意愿很可能大大降低。当你思考这些事情时，无疑也是在做投资决定，就跟你考虑购房以出租、购置机器以投入生产一样。经济学家甚至将教育支出称作"人力资本投资"。[2]

也就是说，你可以投资自己，也可以投资他人，你认为将来会有回报就会投资。下面是一个更加激进的观点：投资回报不一定体现在经济上。例如，你教女儿游泳或骑车，不是因为你觉得她学会这些新技能就能找到一份工资更高的工作。体验就是如此：当你投入时间或金钱去获得体验时，收获的将不止当下的愉悦，还会有持续不断的红利，也就是我第一章提到的回忆红利。

体验之所以能产生红利，是因为我们人类拥有记忆。我们不会像许多科幻电影的角色一样，每天早上醒来时，大脑已被清空；相反，我们的大脑里面预存了许多回忆，随时可以提取，主要是为了应对这个世界。当你看到一个长方形的大木板，上面还装了一个突出的圆形把手，你不会问自己：**这是什么东西？**因为你知道那是一扇门，你也知道如何打开这扇门。也就是说，一旦认识了"门"这个东西，这一认知就将为你带来巨大的红利——想一想你现在能打开多少扇门！

这是一个有点蹩脚的例子，但真的能说明回忆的功用。它是我们对未来的投资，能发放红利并且丰富我们的人生。例如，你看到自己的厨房里有一个人正在做咖啡，你不必像遇到一个陌生人一样从头开始认识这个人，因为你知道这是你爱的人，也知道自己为何爱这个人。你们过往的一切、你们所有的交谈及共同的经历，造就了你对这个人现在的感觉。

投资体验也是如此。当你体验一件事时，你可以获得当下的、即时的愉悦，同时也留下日后可以重温的回忆。这是作为人很重要的一部分：无论是好是坏，你日后都会重温这个体验，而且常常不止一次。可能是听到一首你很喜欢的歌，可能是闻到一缕熟悉的气味，或者看到一张老照片，然后你的记忆突然被启动，你将重温某种体验。例如，你可能会想到自己的初吻，如果那是一个愉快的体验，你可能会感到眩晕发热，也有可能会暗自偷笑，因为你当时戴着牙套，那个吻虽然尴尬，但依然甜蜜。因此，每次只要你想起最初的体验，你都会从心理上、情绪上重温一次，获得一次额外的体验。

回忆带来的愉悦可能不及初始体验的万一，但是，那些回忆造就了现在的你。这就是为什么作为本章开篇故事主人公的杰森会说，什么也抹杀不了他的欧洲背包之旅所收获的那些回忆。这也是为什么人们都爱保存相册——如果房子着火，人们往往第一时间抢出相册。在那样的危急时刻，人们迅速意识到，财物可替换，回忆却是无价的。

回忆红利如此宝贵、强大，许多科技公司都借此谋利，创造了数十亿美元的财富。用过脸书或谷歌相册的人，应该都看到过偶尔弹出的"三年前的今天"提醒，随之附上的是那天的照片。这些公司通过这个功能"拿捏"你的回忆红利，引发美好的感觉，让你禁不住重温定格在照片里的那些回忆。整个过程令人愉悦，你会成为他们更加忠实的客户。在脸书及类似软件出现之前，通常是身边亲友们挑起"忆当年"的话头，但现在脸书扮演了这个角色，并利用无比重要的回忆红利来赚钱。你自己也可以享受回忆红利的好处，但不是金钱上的获利。不过在此之前，你首先得创造那些宝贵的经历。

回想一下你有生以来最美好的假期——我们姑且假定这个假期持续了一周。现在回忆一下，度假回来之后，你向朋友们分享这趟旅行的照片的时间有多少，你和一起旅行的人回忆这趟旅行的时间有多少，你独自回忆这趟旅行的时间有多少，其他人在计划类似旅行时，你又花了多长时间给予建议。初始体验衍生出的所有体验都是我说的红利，它们是你的回忆红利，而且越积越多。实际上，因为反复回味，这些回忆最后带来的愉悦可能比初始体验还多。

所以，花钱买到一项体验，你获得的将不止这项体验本身，还有后续产生的全部红利。

从体验积分的角度思考，这个问题将更加清晰。体验积分是我量化体验所获愉悦感的方法。还记得如何用矩形块表示体验积分吗？现在就想想最初获得体验时，代表初始愉悦度的那个矩形块，因为有回忆红利，每次你回味初始体验时，都会再次获得一个小的矩形块。把所有这些小矩形块——也就是一项体验持续不断的回忆红利——叠加起来，你将得到一个新的矩形块，其高度可能跟代表初始体验的矩形块一样高。

图2 七年间的一条带回忆红利的充实感曲线示例

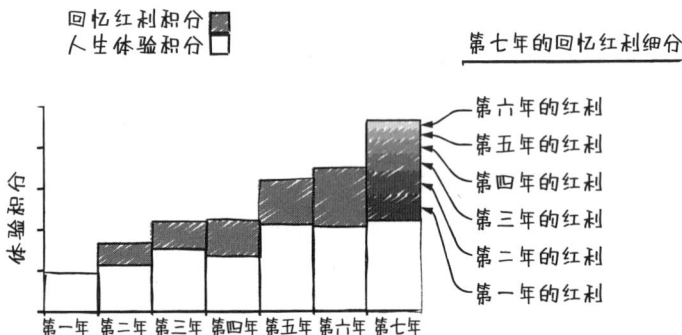

通过回忆，体验能持续带来充实感：日积月累，持续不断的回忆红利所积累的体验积分有时甚至能超过初始体验积分

实际上，有时候新的矩形块甚至更高一点，这可以通过"复利"实现，就像银行存款一样。因为"复利"，你的存款不仅积少成多，还会利滚利。你的回忆红利也是如此，它们能够且必将产生复利。只要你与其他人分享一项体验的回忆，就会产生复利。因为你与他人互动，分享曾经的体验，这本身就

是一种新的体验。你与人交流、开怀大笑、建立关系、给予建议、提供帮助、变得脆弱——这些都是你日常生活的内容。获得体验不仅让你的生活更加投入、更加有趣，还能让你有更多东西和他人分享，这就像生意带来更多生意。正面体验具有良好的传播度与感染力，能引发连锁反应，释放更多你意想不到的能量。一加一可以大于二。这是我建议你去投资体验的原因之一。

但是，我们大多数人都没有投资体验的意识，就算我们投资，基本上也是关注投资的经济回报。我朋友保利就是一个很好的例子。他之前想要买入中美洲一处度假屋，跑来问我意见。我不会做复杂无趣的财务分析——他要综合考虑利率、减税等诸多因素，这看上去成了一个艰难的投资决定。就我看来，他是从一个非常保守且传统的角度在看待这个机会：**这是一个好的房地产投资吗？未来 10 到 15 年，我能获得好的经济回报吗？**

我给他的建议是彻底跳出这种框架。"别想着钱了，"我跟他说，"让我们看看你能从中获得什么。你年纪跟我一般大，"我提醒他（不再年轻），"所以，你还能在多大程度上拿这处房子投资个人体验？你计划多久去住一次？如果住在里面你要做什么？如果你想常住那里，计划在那里度过一些很棒的假期，培养与孩子的感情，和亲友留下一些独一无二的时刻，那么我就觉得这将是世界上最棒的一笔交易！"

我继续说道："但是，如果你买下来之后，把它放在那里什么都不做，只是为了投资赚钱，那谁会在乎你能否获得 3% 的收益？从国外一处房产获利 3%，没什么稀奇，也不会改变人生，这只是你无数可选投资中的一种。比起年轻时，你在 50 岁时获得一个 3% 的收益尤其无关紧要。然而，投资体验却真的能改变人生，即使你已经 50 岁也可以。"

我要说的是，保利和许多投资房地产的人一样，只考虑金钱回报，没考虑体验回报。这就是我反复谈论的那个错误的另一种版本：不停地赚钱再赚钱，完全忘了赚钱是为了获得定义你人生的体验。[3]

你想想看，无论你想要的体验是学习、滑雪、陪伴子女长大成人、旅行、与好友聚餐、推进某项事业、听演唱会，还是丰富多彩的体验组合，我们赚钱都是为了获得体验。另外，因为回忆红利的存在，这些体验都能带来一定的回报——就像金融工具一样，有时候回报率高得吓人。杰森说他欧洲之行的体验，无论你给他多少钱他都不换，就是指的这个。当然，大多数体验都不会产生这种改变人生的效果，回报率自然不会太高——回报率也不一定非得很高。所有体验都会获得一定回报，这是我们花钱买体验的原因。这也是我们投资金融工具的原因——帮我们增长财富，但最终目标还是获得更多或更好的体验。

我要再说一次，很多人的生活方式表明，他们似乎忘了赚钱、存钱及投资的意义所在，而这一点再怎么强调都不够。如果你问一个人：你存钱的目的是什么？很多人的回答可能都是"存钱退休"。某种程度上，我能理解这个答案：我们都需要存钱并拿出一部分钱投资，因为有朝一日我们将失去工作赚钱的能力，我们要做好准备，没人希望自己老了之后穷饿至死或者让子女养自己。但是，问题在于钱的全部意义就是获得体验，投资并获得回报，再拿回报去获得体验，这相当于迂回地获得体验。明明可以直接投资体验，且获得体验回报，为什么要"迂回"呢？不仅如此，随着年龄增长，你实际能获得的体验将减少。确实，你需要钱来养老；但是，未来你将**主要**依靠回忆度过退休生活，所以一定要花足够的钱投资回忆。

趁早开始！趁早开始！趁早开始！

一旦你开始思考回忆红利，有些事就豁然开朗了：越早投资越好。你越早开始投资，收获回忆红利的时间就越多。例如，你在20多岁（而不是30多岁）时开始投资，那么你将拥有一个长长的红利"尾巴"，这样就更可能出现"尾大头小"（所谓"头"，即初始事件产生的体验积分）的情况。显然，你开始获得美妙体验的时间越晚，收获的回忆红利就越少。

所以，当建议你投资体验时，我给的建议也属于老生常谈。就像沃伦·巴菲特说的那样：投资要趁早，等你到了一定年纪后，再来看积累了多少。许多投资顾问希望你趁早开始401（k）计划。很多投资建议都是，**趁早开始！趁早开始！趁早开始！**沃伦·巴菲特和其他投资顾问的目标是增加财富，我的目标则是尽可能实现"富有"的人生；我所说的"富有"是指体验、冒险及回忆上的富有——这些全是你赚钱的理由。用一句话总结我的投资建议，那就是：投资人生体验，并且趁早开始！趁早开始！趁早开始！

现在你可能会说：要是我穷得叮当响，你让我怎么趁早开始投资体验？但是，投资体验并不一定要花很多钱。确实，一般来说，你要同时投入时间和金钱，才能从体验中获得愉悦或充实感——一项体验花费的时间及金钱越多，获得的充实感往往就越大。但是，当你年轻、健康且激情满怀时，即使花钱不多的体验也能创造大大的愉悦。（还记得我朋友杰森吗？他住便宜的旅舍，在公园吃法式长棍面包，却获得了铭记一生的体验。）所以我的建议是，在你年轻、没什么钱时，就去探索那些免费或近乎免费的体验。例如，城市与地方政府为了回馈民众，常常会用纳税人的钱举办免费的户外音乐会或庆典；再想想与朋友在一起，只是聊聊天、外出逛一逛或者玩玩桌游，就能获得多少快乐；也可以徒步或乘坐公共交通工具深入游览并探索你所在的城市。大部分人远未充分利用这些机会来获得免费或几乎免费的快乐。反正我是没有，你呢？

选择你自己的冒险

许多体验我们没得选择，特别是在成长过程中。例如，你必须去上学，在科学课上，老师说你必须解剖青蛙，这时，你可能会说"我不想解剖这只青蛙"。然后老师会说"如果你不解剖这只青蛙，那这门课你就只能拿到 F"。你只能屈服。这种情况下，你选择的余地不大。但是，当你长大成人后，许多体验就要你自己选择了：你得思考自己要如何探索人生，你得决定把时间和金钱花在哪里，以及什么时候花。

不幸的是，大多数人太少利用这项自由。我们确实会有意识地做出一些选择，在一定程度上，我们选择了自己的工作、爱好、交往对象、度假目的地。但是，我们大部分人都是随波逐流，就好像有人给我们的行动编好了程序，对于钱怎么花、时间怎么用，我们的思考远远不够。

用喝咖啡的例子很容易说明这个问题。实际上这个例子极为常见，因此有个专属的名字，即"拿铁因素"。[4] 很多人每天都会买一杯精品咖啡，他们买的时候，很少会意识到这个小小的嗜好一年下来要花多少钱。我并不是让你戒掉每天的咖啡，而把这笔钱存下来实现"未来致富"。实际上，我最不希望的就是你最终物质上富有，而美好的体验却少得可怜。但是，仔细想想，你每天买摩卡、拿铁或星冰乐的好几千块钱，如果花在体验上，岂不美哉！

不过，每次我说到这个，对方的反应都是，"我就喜欢每天喝星巴克。"对此，我要怎么争辩？他们的感受就是如此。但是，我能说且要说的是："至少对星巴克花了你多少钱有个数。"例如，你可能默默地思考：如果戒掉星巴克，几个月省下来的钱，就足够买一张飞美国任一地点的往返机票，所以是更想要往返机票，还是更想保留喝咖啡的习惯？答案由你决定。你可能会选择咖啡，但是，你如果主动思考这个问题，然后做出深思熟虑的决定，就不算是随波逐流。

就花钱和分配时间的方式做出深思熟虑的选择，是充分利用生命能量的必要之举。

建　议

◎ 记住，我说的"趁早"是"现在就开始"。回想一下你曾经向往过的体验，看看其中哪些体验适合在今天、本月或今年实现，如果你现在不去实现，将带来什么样的风险。

◎ 想一想你愿意和谁一起获得体验；再设想一下，和这些人及早获得体验，将收获怎样的回忆红利。

◎ 思考一下，你可以通过什么方式主动增加自己的回忆红利。多拍一些体验时的照片有用吗？是与那些曾一起共度欢乐时光的人重聚？还是制作一个视频或相册？

3

为什么要死前归零？

准则 3：以死前归零为目标

随波逐流很容易，这是我们如此生活的原因。但是，如果你想拥有一个充实的最优解人生，而不是选择阻力最小的那条道路，那么随波逐流是无法达成目标的。要想尽情享受人生，而不是得过且过，你就不能再漫不经心地混日子，而需要按自己的意愿主动掌控人生。这些话我后面还会反复提及，我写这本书最大的一个目标就是，帮你拥有一个更加深思熟虑的人生。我们需要反复回顾这个主题，因为我们在人生多个领域中都容易随波逐流，从赚钱方式到花钱方式。每种随波逐流都会造成一种生命能量的浪费，我们需要不同的策略来消除这种浪费。本章将关注其中一种"过犹不及"：钱赚得太多、存得太多，你根本享受不完。我还将提出一种经深思熟虑的解决方案，消除这种浪费。

下面我将通过亿万富翁约翰·阿诺德（John Arnold）的故事说明这个问题。在他还不是亿万富翁时，我们就已经是朋友了。我和他认识之后，他成立了名为"半人马座"（Centaurus）的对冲基金，他的目标是通过自己能源交易的专业知识发家致富，然后享受美好生活。但是，因为我和他在"半人马座"基金并肩作战，所以我能看到，他总是以各种方式将美好生活抛诸脑后，执着于几百万、几百万地不断赚钱。有一天，当他被这份工作折磨得心力交瘁时，他跟我说："如果我赚够 1,500 万美元后还继续做交易员，请狠狠扇我一巴掌。"

约翰达成这个目标后依然没有"金盆洗手"，可我没有扇他。他是一个聪明人。（因为他超级无敌的高收益，大家都叫他"天然气之王"。）约翰非常清楚，到了一定程度后，更加明智的做法是花钱去做自己喜欢的事，而不是单纯地赚更多钱；但是，他的赚钱目标持续拔高。他赚到 1,500 万美元时没有停下来，因为他表现得太好，1,500 万美元变成 2,500 万美元，最终变成 1 亿美元，且仍在持续增长。当你捷报连连时，即使你的理智告诉你应该停下来，你也很难停下来。

约翰的生活并非全是工作，他偶尔也去参加一些很棒的活动，但是远远谈不上铺张奢侈，就是那种与亿万富翁身份不匹配的活动。实际上，随着财富增长，他的休闲时间好像减少了。他的想法似乎变成：如果赚更多，能做的事也就更多。可事实上并没有。

他继续经营着"半人马座"基金，甚至在净资产达到 1.5 亿美元时，依然没有停下来。实际上，到 2010 年时，他和妻子成立的慈善基金资产已达到 7.11 亿美元。他的钱太多了，捐出去的就有几百万美元。但是，就算谈不上真正热爱，他依然继续工作。2012 年，他终于踩了刹车，当时 38 岁的他个人财富已超过 40 亿美元。

对于绝大部分人来说，想在相对年轻的 38 岁退休是痴人说梦，但对约翰来说，在 38 岁退休一点儿也不算早。为什么这么说呢？有两个原因：一是，他无法回到过去，回到只是一门心思赚钱的那些年——他再也无法重回 30 岁，他的孩子也不再是婴儿；第二，他赚了太多钱，多到面临电影《布鲁斯特的百万横财》（*Brewster's Millions*）中的问题——花钱的速度跟不上了。他早就安居豪宅，彼时日子也是随心所欲。

孩子是他花不完钱的一个原因。打个比方，即使他非常想请当红乐队魔力红（Maroon 5）每周六都来他的后院举行私人演唱会，他也从来没请过，因为他不想宠坏自己的孩子。他决定要孩子，然后这个决定限制了他用钱与消磨时日的方式。请记住，你做的每个抉择都会影响后面的抉择，选择要孩子就是最常见的例子。

现在，约翰可能会说如果他在赚到1,500万美元时停下来，他将永远赚不到40亿美元——如此巨额的财富能让他为所在乎的社会问题做出更大贡献。但是，约翰很可能也会承认，他工作太久，过了金钱能发挥最佳效用的节点。最佳节点在赚到20亿美元时吗？还是15亿美元？没人知道。但是，我们都心知肚明，最优点一定是在40亿美元之前。

你可能会觉得，约翰既然把这份工作干了这么久，想必他赚得很开心。也许，他一直待在交易桌前，是因为交易员工作太刺激，比待在家里的任何体验都更令人激动。

但答案是否定的，约翰并没有在工作和家庭之间，在赚钱和利用自己的财富、时间、才华去获得无数其他体验之间，做出深思熟虑的选择。他之所以持续工作，仅仅是因为他养成了工作的习惯，就好比一个十几岁的小男生最初抽烟只是为了装酷来吸引女生，但是，现在女生已经和他好上了，为何他还继续抽烟？只因为他染上了烟瘾。习惯是难以戒掉的。对一些人来说，赚钱也是一样的，日复一日地重复一份工作要简单得多，当这份工作能让你持续赚钱时尤其如此——金钱是社会对你工作表现优异的一种普遍认可方式。一旦你养成"为钱而活"的价值观后，赚钱带来的快感就超过了真实生活带来的快感。

当然，约翰的例子略显极端，他的情况是上层社会问题的缩影，却并非个例；甚至更一般地说，并非专属于超级富豪。

太多人觉得再怎么赚都赚不够，随着他们净资产的增长，他们的目标也持续攀升。但是，无论你是谁，是行业巨头，还是普通打工人，有一件事毋庸置疑：如果你人生花了太多太多时间赚钱，但是死前未能花完，那么，你就是白白浪费了太多宝贵的生命，这些逝去的时光绝无可能再找回来。如果你死前还有100万没花完，那就是有价值100万的体验没有享受到；如果有5万没花完，那就是有价值5万的体验你没有享受到。无论剩多少，都不是你人生的最优解。

浪费生命能量：为什么你可能在"打白工"

现在换一个角度来看：想一想你花了多少时间来赚那样一笔你自己绝对花不到的钱。以伊丽莎白为例，她是一位（虚构的）45岁的单身女子，在得克萨斯州奥斯汀市做着办公室里的工作，年薪6万美元。这个工资让她排在美国45岁有收入人群的前半段。[1]（这个例子中所有工资数据都是经通胀调整后的真实数据。）和我们大多数人一样，她需要缴纳所得税，包括社会保险及医疗保险税，所以她每年的净收入大约是48,911美元。[2]她工作很努力，平均每周工作50小时，因此她每小时的净收入为19.56美元，也就是说，她在办公室每待一个小时，拿回家的就这么多钱。

由于她生活节俭，所以大学毕业没几年就还清了助学贷款，而且 30 岁出头就买了房子，当时奥斯汀的房价还相对较低。现在她已经还清了房贷，所以房子已完全归她，如果她现在卖掉房子，可以卖到 45 万美元。

去年，她仅仅花了 32,911 美元（因此存下近 16,000 美元）。通常来说，她每年的花费差不多也就这个数。伊丽莎白希望在 20 年后退休，所以，她拿出很大一部分工资存进401（k）退休账户及银行账户。她知道 401（k）计划特别划算，因为存进去的是税前收入；如果她把所有钱都存入常规储蓄账户，那她交的税就会更多一些。有些雇主会按雇员的 401（k）供款进行配比缴费，但我们此处假定伊丽莎白的雇主并没有。

伊丽莎白是一家大公司的可靠员工，工作应该很有保障，而且退休前每一年，她的工资可能都会有小幅而稳定的增长。不过，简单起见，我们就假定她退休前经通胀调整后的工资保持不变。另一个假设是，除了还清房贷，她是从 45 岁才开始为退休存钱的。因此，她若按计划在 65 岁退休，那时的存款将达到 32 万美元（在 45 岁到 65 岁这 20 年间，每年存 1.6 万美元），净资产可达到 77 万美元，也就是存在各种退休账户里的 32 万美元加上价值 45 万美元的房子（假定她的房子没有增值）。

那么这 77 万美元能用多久呢？这当然取决于她每年花多少。相关研究表明，人们退休后的实际花销并非一成不变，到晚年时，通常会有所减少（我稍后会解释原因）。但同样为简单起见，我们还是假定伊丽莎白退休后每年的花销都是 3.2 万美元，也就是比她工作时少花 900 多美元。（仍然是为了简化，我们假定她的退休金投资回报与每年的生活成本涨幅抵消。）

这个假设之下，她的存款够维持 24 年多一点（77 万除以每年的 3.2 万）。但是伊丽莎白没有活这么久，她 85 岁就去世了，也就是在她退休 20 年之后。这样算下来，她留下了 13 万美元没花完。

我之所以举这个例子，是因为我希望大家认真思考一下：剩下这 13 万，真正的代价是什么？浪费有多大？我前面已经说过了，你可以将这笔钱视作被你放弃的体验，即伊丽莎白能用这 13 万美元买到的任何东西。这本身就够可悲的了，可是，再看看她为存下这么多钱付出了什么。根据她的时薪你可以算出来她有多长时间的办公室工作是"徒劳"的。究竟多长呢？只需要用 13 万美元除以时薪 19.56 美元，约等于 6,646 小时，也就是说，她工作 6,646 个小时赚到的钱到最后根本没花。按每周工作 50 小时计算，折合下来大约是两年半，相当于**两年半时间她都在无偿工作**。对于生命能量来说，这是多大的浪费！

如果我们假定她的存款利率高于通胀率，并且她还可以领到社会安全福利金，那这个数字还将更高。但是，就算在我们非常保守的假设之下，她要是早一点退休或者多花一点钱，都可以过得更好。

你可能会说伊丽莎白的例子不具有代表性。你是对的，例如，有些人净时薪确实要高得多。对于这些收入更高的人，13万美元换算下来得到的"非必要劳动时间"没那么多。这话没错，但是问题在于：这些人死前剩下的钱比13万美元多多了。时薪高或年薪高的人有时候甚至更倾向于一直工作，一直赚。无论如何，他们都浪费了自己的生命能量。

你自己的收入无论比上面的例子是高还是低，都无关紧要，因为结论仍然成立：如果你不想浪费自己的生命能量，你的目标应该是死前花光所有钱。

对我来说，这背后的逻辑无可辩驳。可能因为我受的是工程师训练，又或者这是我当初选择学工程的原因——总之，我爱效率，讨厌浪费，而且我想不到还有哪种浪费比浪费生命能量更糟糕。因此，对我来说，想要死前归零理所当然。这里并不是说**还没死就花得一分不剩**，这会让你捉襟见肘，而是要尽可能少剩一点，因为剩下来的钱都是你花了时间和精力赚来的。

我绝不是首个提出死前归零是合理生活方式的人。早在20世纪50年代，经济学家弗兰科·莫迪利安尼（Franco Modigliani）——他后来获得了诺贝尔经济学奖——就曾提出所谓的"生命周期假说"（Life-Cycle Hypothesis, LCH）。此假说关注的是，人们在**一生**中如何管理自己的支出与储蓄，才能做到"钱尽其用"。他提出，要在你的人生历程中钱尽其用，就得"身逝之日，财富用尽"——这是另一个经济学家的说法。[3]
换句话说，如果你知道自己将在何时去世，那你必须死前归
零，因为不归零，就表示你未能用自己的钱获得最多的愉悦
（效用）。可是，你怎么知道自己会活到什么时候？莫迪利安尼
的答案很简单：保险起见，但也为了避免不必要地留下钱，就
按人能存活的最大年龄来算。所以，按照莫迪利安尼的观点，
一个理性人将按这个"最大年龄"分配自己一生的财富。

确实会有人试着以这种效用最大化的理性方式生活，但是
许多人不会，他们要么是钱存太多，要么是存太少。整个人生
都保持最优化需要大量的思考与计划；相比于"深谋远虑"的
生活，着眼于短期回报（短视）或者随波逐流（惯性）的生活
都简单得多。这两种倾向分别是"蚂蚁"和"蚱蜢"面临的问
题。短视通常是大手大脚、爱玩乐的"蚱蜢"的问题。惯性
则会打击到有强烈责任感的"蚂蚁"，特别是当尽职尽责的储
蓄者上了年纪，不得不骤然动用勤勤恳恳攒下的积蓄时，尤
其如此。行为经济学家认为，只因为某事理应去做，不表示
人们可以很容易做到。在这个例子中，理应去做的事是从储
蓄转为"动用储蓄金"。惯性是一种非常强大的力量，经济学
家赫什·舍夫林（Hersh Shefrin）和理查德·塞勒（Richard
Thaler）曾说过："老式家庭学不会新规则。"[4]

我认为死前归零是一个非常清晰且重要的目标，因此我
希望直接开始下一步：阐述如何真正实现这个目标。但是，我

曾和许多人讨论这个问题，因此我知道不能直接跳到"如何实现"这一步：我反复听到一些相同的问题及反对意见，虽然为数不多，但我知道不能忽略它们。所以，我将首先回应这些常见的问题，这之后，如果你依然认可死前归零的价值及可行性，就可以接着往下阅读。我将给出一些实用的工具。

"但是我热爱我的工作！"

当我说人死了钱没花完相当于浪费生命能量或无偿工作时，有些人会说我的分析对他们来说不成立，因为他们热爱他们的工作。有人甚至说，只要能继续从事他们热爱的工作，他们宁愿倒贴钱。刚开始我还不信，直到我和一个专业舞者交往后，我信了。舞蹈是竞争极为激烈的一个领域，有报酬的演出太少，而面试的人太多；并且与表演或其他竞争激烈的领域不同，跳舞绝对发不了财，就算你再成功也是如此。

然而，哪怕只是想继续留在这个圈子里，你都必须通过持续不断地上舞蹈课来精进技艺，还必须住在纽约或洛杉矶这样的世界舞蹈中心附近，生活成本往往很高昂。事实上，大部分舞者都必须从事另外的工作，来支撑自己对舞蹈的热爱。由此我知道了确实有人热爱自己的工作，将工作本身视作充实的人生体验。我认为这非常棒——我们所有人都理应如此幸运！

但尽管如此，我依然认为死前归零对他们有好处。至于原因，首先让我们看看他们的论点，基本上是这样的：如果你的工作本身就是一种有趣且充实的体验，那么工作赚到的所有钱就只是一种"副产品"，就像木柴烧完后留下的那堆灰烬一样。你点火时，灰烬并非你的目标，你享受火焰的温暖及闪烁的火光，只是顺便得到一些灰烬而已，这不会造成什么伤害。同理，从事你喜爱的工作并以此赚钱，肯定也不会造成什么伤害。

但问题在于：就算工作对你来说是某种形式的玩乐，至少拿出一部分时间去获得一些**与工作赚钱无关**的体验，对你也有益无害。即使舞蹈是你的生命，你也不太可能全年不休地跳舞。和二三十岁的时候比起来，到了四五十岁，你可能也希望减少跳舞的时间。

当然，也有可能，上了年纪后你并不希望减少跳舞时间，你真的希望继续全职跳舞（也可以从事律师、心理治疗师等任何你享受的职业），只要能跳就一直跳，顺便赚钱。这完全没问题！只是务必用赚来的钱去做一些你觉得重要的事：多坐头等舱出行，办更好的派对，去看最喜欢的舞者现场演出。因为即使你无比享受工作，可赚来的钱不花掉也是浪费。就好比玩游戏，你明明加了一条命，却决定放弃它——你直接让马里奥从桥上跳下去，而不是带着他在蘑菇王国里走得更远。你这么做，只是因为你觉得多出来的这条命不算数？为什么要有"得来容易不珍惜"的态度？你拿到手的每一分钱都是一样的。

"最优解人生"可不管你的钱怎么来的。无论是通过热爱的工作赚来的，还是从你曾祖父那里继承来的；无论是你爱好的副产品，还是来自你富有的家庭——只要钱到你手里了就是你的，**是你耗费的一部分人生**，你可以用它换取任何能让生活变得更好的东西。如果舞蹈是你的生命，而它又刚好能让你赚钱，那就把钱花在与舞蹈有关的体验上：找最好的舞蹈老师上私人课程，或者花钱请人打扫卫生，让你有更多时间跳舞。不要因为钱的来历而将之置之一旁，白白浪费，钱的来源不会改变"最优解人生"的算法。

"但是……但是……"

大部分人听到我说"死前归零"的第一反应是"害怕"，紧接着他们会想：死后有余钱不完全是浪费，因为这些钱会留给继承人或者捐给慈善机构。他们最常说的是："那孩子们怎么办？"

有太多人这样问了，对此能说的内容也很多，值得专门用一章来讨论——后面也确实会有，连带讨论我对慈善捐赠的看法。但现在请容许我简短回答一下关于孩子的问题。

首先，你当然可以把钱留给你在意的人或事，但事实是，那些人或事早一点得到你的财产将更好，为何要等到你死后？

其次，从你把钱给其他人的那一刻起，钱就不再是你的，而变成他们的了，无论多少钱都是如此。但是，当我说死前归零时，我指的是**你的钱**。无论你给孩子们什么东西，你给了就是他们的了，所以没有必要特地给他们留下财产。在后面的"那孩子们怎么办？"这一章中，你将更为深入地了解如何审慎地规划留下什么、留给谁，以及什么时候给。

下面说说"害怕"的问题。许多人跟我说他们害怕——甚至是恐惧——人还没死，钱已花光了。我能明白他们的感受，没人希望自己晚年生活在贫穷之中，所以人们为未来存钱可以理解。我并不是说不应该为未来存钱，而是说有些人存太多、想太远，他们剥夺了自己的现在，只为照顾未来那个年迈的自己——他们活不活得到用这笔钱，还是个问题。[5]

存太多钱的人

我为何说人们存太多、想太远呢？我看过统计资料。你去看看随年龄变化的净资产数据就会发现，大多数人几十年如一日地积累财富，大部分人直到很晚才开始消耗财富。

美国联邦储备委员会（以下简称"美联储委员会"）持续追踪美国人在人生不同阶段积累的财富额度。[6]例如，他们最新的消费者财务调查表明，户主年龄在45—54岁的美国家庭，其净资产中位数为124,200美元。这意味着，户主在该年龄段的家庭中，存款在124,200美元上、下的各一半，有些家庭存款比这个数多得多，有些则少得多。比该年龄段存款中位数更有意思的是总体趋势。看看其他年龄段的净资产数据，你会发现一个清晰的模式：净资产中位数随年龄的增长而持续上升。

图 3　不同户主年龄下家庭的净资产中位数

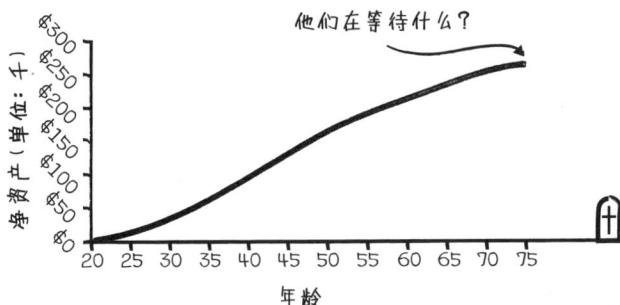

美国人的净资产中位数至少持续至户主 75 岁前

其中的原因不难猜到。人们的年收入随年龄增加，花不了的钱就存起来，所以存款持续增加。因为每个人的一生都有一个所谓的"甜蜜点"，能到达该点很棒，该点对应的财富能给他们带来最大的享受。但问题在于，人们在最优点过去之后很久，依然继续存钱。所以户主年龄在 65—74 岁的美国家庭，其净资产中位数为 224,100 美元；而 55—64 岁年龄段的只有 187,300 美元。这太疯狂了——70 多岁的人仍在为未来存钱！实际上，甚至到了 75 岁，存款高于中位数的人依然没开始动用存款。户主在 75 岁或以上的美国家庭，其净资产中位数最高，达到 264,800 美元。所以，即便预期寿命越来越长，数百万美国人辛苦赚来的钱依然可能比他们本人更"长寿"。年长人群存钱往往是怕未来看病要花钱，但是，你马上就会看到，人们的总支出是随年龄减少的，即使把医疗费用算进来也是如此。

其他数据也显示了同样的趋势。美国员工福利研究所（Employee Benefit Research Institute）2018 年的一项研究利用美国年长者的财富（收入与资产）与支出数据，考察他们退休头 20 年（该研究的作者补充称"或者死亡之前"，好像是在提醒读者并非每个人都能活到退休后 20 年）的资产变化情况。[7] 换句话说，他们的资产是在减少，还是基本上没怎么变？以下是该研究的一些关键发现：

■ 总的来说，他们的资产支出十分缓慢。

■ 所有的年龄段，无论 60 多岁还是 90 多岁的退休人员，其家庭支出与家庭收入比的中位数都维持在 1∶1 上下。也就是说，他们的支出依然紧随收入，即收入下降，支出也跟着减少。由此也可看出，退休人员并未真正动用存款。

■ 在高收入一端，退休时存款达到 50 万美元或以上的人，20 年之后或死亡时，仅花掉 11.8%（该比例为中位数）的存款，而余额超过 88%。换算下来就是，一个拥有 50 万美元存款的 65 岁退休老人，到了 85 岁时，存款仍超过 44 万！

■ 在收入较低的一端，退休时存款不足 20 万的人，花掉的比例较高（这可以预期到，因为总的来看他们可供支出的钱不多）。即便如此，退休 18 年后，他们资产支出比例的中位数也仅为四分之一。

■ 有三分之一的退休人员在退休后，资产实际上是增加的！他们的财富不是慢慢减少或迅速减少，而是持续增长。

■ 领取养老金——或者说拥有稳定的收入来源——的退休人员在退休后的 18 年里，其资产减少的比例（仅 4%），较于没有养老金的（34%），要小得多。

所以很明显的是，有些人退休前说存钱是为了退休，可退休后根本没有使用这些存款，这样绝对无法达成"死前归零"的目标。有些人甚至都没有"死前归零"这个目标，这一点从那些有养老金的人身上看得尤其清楚。相比其他人，他们可以花费更多存款，因为他们拥有收入保障，永远不会忍饥挨饿。但有意思的是，有养老金的人财富减少的比例反而最小，很可能是因为他们从一开始就拥有更多财富，这从数据也能看出。

所以依旧是那个问题：为何退休人员不在年轻时花更多钱去充分享受呢？他们在等什么？！

这个问题有好几种答案。第一种，有些人原本确实打算花钱，不过一旦到了某个年纪，他们就发现自己的需求改变了，或者说是减退了。退休规划专家甚至用专门的术语描述这种消费模式："活力之年"（go-go years）、"慢活之年"（slow-go years）和"失活之年"（no-go years）。[8] 具体来说，活力之年指刚退休时，你急于实现所有那些被推迟到退休的体验，身体和精力（通常）也允许你去追逐这些体验。然后，通常到了70多岁的时候，你遗愿清单上的愿望都实现了，身体也衰弱了，因此你开始慢下来。再之后，在你80多岁或更晚的时候，无论你还有多少钱，你的"活力"都所剩不多了。用一个退休规划顾问的话说就是，"我的父亲86岁了，他哪儿都不想去，只想待在家里。"[9]

我自己也有类似经验，不过是发生在我和外婆之间。当时我外婆已年近80，我年近30。我的交易员生涯初见成功，急于跟我爱的人分享我新获得的财富，而外婆就是我爱的人之一，因此，我给了她一张1万美元的支票。现在看来，这是一个很差劲的礼物，如果我当时就拥有现在的认知，我会送给她一个真实难忘的体验，例如陪她去另一个州看望亲戚。但我彼时的想法是，只有本人最清楚自己想要什么。如果别人给我送礼，我希望他们干脆送钱，所以我也送钱给外婆。

当时外婆和我妈住在一起，所以我隔段时间就会问问我妈，外婆用那笔钱买了什么，结果发现外婆一分钱都没花。我并不是说她很穷，需要用那笔钱支付账单。只是她没有多少"活力"了。那年圣诞节，外婆送了我一件毛衣作为礼物。就我所知，从始至终，这件毛衣（我猜价格在50美元左右）是她用我送她的 1 万美元买的唯一一件东西。而我作为礼物送给她的 1 万美元，没让她获得递增的快乐，除了送我毛衣时，她可能收获了一些快乐，或者她知道自己外孙愿意给她钱，也会感到些许快乐。

但不管什么原因，她就是没处花那笔钱。她对自己极为克扣——甚至，她给所有长沙发、双人沙发及休闲椅都盖了塑料罩，防止它们磨损。当然，美中不足的是坐着不舒服，看着也不美观。有一次我去外婆家参加一场葬礼，长沙发竟然变得好看又舒服——原来她为了这场葬礼特地把塑料罩取了下来。但下次再去时，塑料罩又盖了回去，再也没取下来过。我从始至终都不理解这种做法：为什么花那么多钱买了家具却不去享受？沙发上的塑料罩是本书的一个微观缩影，即无限延迟满足的无稽之处。

你可能会认为，随着年纪增长，人们会出于一种强烈欲望——趁来得及的时候钱尽其用，而更加大方地花钱。可事实似乎并非如此。一般来说，美国家庭的支出随年龄增长而减少。例如，美国劳工统计局进行的消费者支出调查发现，2017 年，户主年龄在 55—64 岁之间的家庭，其年均支出是 65,000 美元；到了 65—74 岁，年均支出降为 55,000 美元；到了 75 岁及以上，进一步降为 42,000 美元。[10] 尽管医疗支出有所上升，但总支出仍然下降，这是因为其他大部分支出均大大降低，例如服装及娱乐支出。摩根资产管理分析了逾 50 万客户的数据后发现，资产超过 100 万美元的退休人员的支出下降幅度更大。[11]

许多财务规划师对这一模式非常熟悉，提供退休建议的网站就经常提到慢活之年和失活之年，但是"活力"下降这一概念似乎并未在民众中普及。如果你不了解这个完全可预见的模式，那么你可能会（错误地）认为，从退休之日开始直到去世那天，你花在体验上的支出将保持稳定，这可能是你过度存款、消费不足的一个原因。

高度谨慎

但是，人们之所以常常存太多、花太少，去世时仍有余钱，背后还有一个更加"主动"的原因。有些人事实上从未想过将所有钱都花在人生体验上，而是存钱防老，应付意外花销，特别是医疗开支。不仅因为每个人上了年纪后健康状况都会下降，在晚年时医疗开支更高，还因为实际费用难以预测：你未来会不会需要做三重搭桥手术[1]或者接受长期癌症治疗？会不会必须在养老院住上好几年？

理论上，保险这时就发挥了作用：抵御任何可能的灾难。但即使有保险的人，有时候也会收到高昂的医疗账单，原因可

---

[1] 三重搭桥手术，即冠状动脉旁路移植术，是一项缓解心绞痛和降低冠心病死亡风险的手术。——编者注

能是很高的免赔额或处方药定额手续费，抑或仅仅因为保险公司不理赔。大部分人生病后肯定不是等死而是想把病治好，所以当然要存看病钱；并且，当医疗费不确定时，人们倾向于存更多的钱。[12]

但是，就算将费用的不确定性考虑在内，许多人**依然**过度储蓄。[13] 对我来说，这就像买一些很荒谬的东西，比如"外星机器人入侵保险"。这种保险是基于以下假设：外星机器人可能——尽管可能性微乎其微——入侵我们的星球，蹂躏生灵。如果我们担心这种事，那是不是还要建造一个特殊的庇护所保护自己？我宁愿"听天由命"，把钱花在更有用、更快乐的事情上。

相比于看到全副武装且超智能的外星人，你需要支付高昂医疗费的可能性要大得多。但是，存钱防病与买外星人保险类似。直白点说，大部分人的存款不足以支付那些不算罕见的天价医疗费。例如，一年的癌症治疗费用随随便便就能达到50万美元。

又或者，如果你自掏腰包的医疗费达到**每晚**5万美元，那么无论你的存款是1万美元，是5万美元，甚至是25万美元，真的有区别吗？答案是：没有。因为5万存款也只够一个晚上，而你很可能要工作一整年才能赚到这一晚上的费用！同样地，无论你花多少年存下的25万，短短5天后就将一分不剩。我并不是怂恿你累积大量医疗费用后，有计划地赖着不交钱。

我要说的是，你负担不起高昂的临终医疗费。既然无保险的医疗如此昂贵，对我们绝大多数人来说，无论有没有存款都没有太大差别：要么政府帮你付，要么你与世长辞。

但是，如果你并非绝大多数，而是腰缠万贯，会怎样呢？就算我存款够多，可以在医院多活几个月，我也看不出这么做的理由：真正的"生活"与仅仅"活着"之间相差十万八千里。我宁愿为了生活花钱，也不愿将工作多年存下来的钱，浪费在戴着呼吸机苟活数月上，这样的生活毫无品质可言。如果过于痛苦，生活品质甚至可能为负。因此，与其"预防性储蓄"（这是经济学家的叫法），我宁愿顺其自然。我们每个人早晚都会死，我宁愿"死得其时"，也不愿牺牲我的美好岁月，只为在生命尽头赖活几天。用我的话说就是，"坟墓里见！"

另外，更加明智的做法是将你的医疗支出花在"前端"（保持健康，预防疾病），花在"后端"将很不划算。事实上，许多保险公司的业务不仅覆盖乳房 X 光检查等预防性护理，他们还坚信长期来看预防疾病能节约公司成本，因此会花钱（例如以礼品卡的形式）让你去做常规筛查等预防性护理。[14] 无论你怎么做都不可能预防所有疾病，但可以降低一些健康问题发生的可能性，进而提高生活品质。

你可能会觉得我是让你将所有精力都投注到年轻时候，完全不考虑年老体衰后的状况，这是对我的一种误解。就算为了更有品质的老年生活而牺牲现在的生活品质是大错特错，但我真的能理解人们希望在自己老弱多病时得到照顾的愿望。那么，怎么做才能保证既有人为你的长期护理买单，又不必储蓄太多，以防未来无需护理服务而花不掉呢？答案是长期护理保险。只要做点功课，你就会发现其成本比你想象的要低，当你在 65 岁之前开始交保费时尤其明显。[15]

我还想说一个更加普遍的观点：你担心的每件事，都有相应的保险产品提供保护。当然，我并非建议你各种保险都买，众所周知，买保险要花钱，但保险公司既然为各种风险都设计了保险产品，那就表明这些风险是可以量化和消除的。

本章我试图说明死前归零是一个值得的**目标**，是防止生命能量被严重浪费的一种方式。但是，**如何**做到呢？大多数人可能仍然怀疑这个目标能否真的达成，尤其人的寿命还是不确定的，更是如此。下一章的主题就是**如何花钱**。

建 议

◎ 如果你仍然担心并拒绝死前归零这一观念，那试着搞清楚这种心理抗拒从何而来。

◎ 如果你热爱自己的工作，每天都想上班，那就看看如何花钱与工作日程不冲突。

4

如何花钱？
（不会真的在死前一分不剩）

准则 4 | 利用所有可用的工具实现死前归零

如果你坚持看到了这里，我大概可以认为，你已经同意死前归零是个不错的想法了，至少原则上认同了。但是，你很可能还是怀疑其可行性。

你的怀疑很有道理。实际上，死前恰好归零不可能实现，因为要达成这个目标，就得知道**准确**的死亡时间，可我们不是上帝，我们不可能知道自己的死亡时间。

但是，不能**准确**预知死亡时间，并不表示我们不能预测个大概。怎么说呢？不知道你有没有用过预期寿命计算器？许多保险公司会在官网上免费提供这种计算器，我觉得体验一下也挺好玩的。诚然,这些计算器并不精确,但是为了预测寿命,它们会问一系列问题,包括你的年龄、性别,身高和体重(可计算出你的身体质量指数),烟酒习惯以及其他一些重要的整体健康状况预测因子,有些还会问你的家族病史以及坐车是否系安全带等。回答完所有问题后,计算器通常会给出一个数字,例如你得到的数字是 94,就代表它预测你能活到 94 岁!(如果你不减掉 40 公斤体重,继续酗酒且每天抽一包烟,那么你得到的数字可能是 55。)

你也许觉得研究自己的寿命不好玩,感觉像一种"病态"练习,就跟规划自己的葬礼及在人寿保险表格上填写受益人一样。好吧,你不喜欢一件事,并不代表这件事不值得做。你不愿使用预期寿命计算器,这是你的自由,只是别再跟我说你不知道自己能活多久,然后以此为借口过度储蓄,仿佛你能活到150 岁一样。

计算器给出的任何数字都只是精算师的估计,精算师即保险公司聘来的专家,职责是基于相关统计数据做出风险预测。你可以将计算器给出的数字仅仅看作一个合理的猜测,其依据是以往与你情况大致相同的人的寿命。许多情况与你相似的人寿命比这个平均寿命短,也有许多人的寿命比平均寿命长,因此,在平均数之外,还得给出一个范围。为了反映这一事实,有些预期寿命计算器会以概率的方式报告结果。例如,它们给出的结果可能是你活到 92 岁的概率是 50%,活到 100 岁的概率是10%，等等。这里的"概率"表明，预测一个人的寿命是一种"不精确"的科学。不过，哪怕只是知道一个活到几岁的概率，也比完全不知道要强。如果你完全不知道自己何时会死，那你做出的决定与"最优"将毫不沾边。也就是说，如果你是谨慎型的人，你的存钱及花钱模式就好像你要活到150岁一样，给人的感觉甚至可能是你觉得自己会"永生"，就比如那些绝不动用自己本金、只靠利息生活的人。这将造成的结果就是，你在临终时留下太多太多钱——这也意味着你浪费了太多生命能量用来赚钱，而赚到的钱却无福消受。

仅仅知道一个近似的寿命，就能让你做出更好的赚钱、存钱及花钱的决定。所以，我强烈建议你试用一下预期寿命计算器。

你可能很想知道：我到底该用哪种计算器？我拿这个问题去问了精算师协会，毕竟他们才是真正的专家。他们没有为任何一种特定的计算器背书，而是让我去他们的官网（https://www.soa.org）看看。这个网站主要是提供专业精算师工具，还推荐了一个非常好用的工具：精算师寿命图解（https://www.longevityillustrator.org/）。只需要回答几个问题，它就能给出一个图表，说明你活到不同年纪的概率。该工具旨在告诉你死前就用尽财富的风险，但是看一看极端的情况你就知道，你活到某些年龄的概率有多低。

另一种方法是问你的保险经纪人，许多销售人寿保险的保险公司都免费向所有人提供在线计算器。

如果你想得到一个基于更多健康因子的更准确的寿命估计值，那就要回答更多有关健康与生活方式的问题。一个很有用的工具是"活到100"计算器（https://www.livingto100.com），它是由一个研究长寿的医生兼研究者设计的。

在使用其中一个或多个工具后，你有什么发现？如果你用了多个计算器，其结果之间的一致性如何？计算出的预期寿命比你想的要长吗？你是否考虑改变自己的生活方式，或者过几年再来算一次，看看结果如何？这些都是很好的问题，思考这些问题是你达成支出最优化的第一步。

但是如何实现呢？我们既希望死前归零，但是死前恰好归零不可能实现，那如何接近归零呢？你如何处理人类生活中的变量？

首先要面对的一个课题就是不确定性。你的实际寿命可能比你预期的更长，这种可能性被称为"**长寿风险**"；没人希望早早离开这个世界，这种可能性被称为"**早亡风险**"；但是，也没人希望人还没死，但钱已花光。（如果没有钱，生活质量将急剧下降——这还是保守的说法。）所以，无论实际寿命比预期寿命长还是短，都存在不确定性，都可带来负面的财务影响，而我们希望找出应对之法。

前面说过，针对这个问题，我们有金融产品，但我并不想推销金融产品，更无意谈论细节（这并非我的专长）；但是，在武断认定死前归零不适合你之前，你有必要了解一些基本要素。即使我不是一个经过认证的财务顾问，我也有资格向你解释这些基本要素——就像我不必是一个修车工也可以告诉你，如果你想自驾游遍全国，那你首先得有一辆车。

你不是一名好的保险代理人！

你很可能已经知道用来对付"早亡风险"的金融产品，很明显就是人寿保险。寿险公司跟你一样，并不知道你什么时候会去世，但你去世后——无论你何时去世——他们都能向受益人支付保险金。保险公司之所以如此"笃定"，原因在于他们同时为数百万人提供保险：有些被保险人的寿命将比平均寿命短，有些人的比平均寿命长，这样两侧的"误差"就能相互抵消。也就是说，保险公司不必知道你寿命几何，他们只需要充分了解自己整个保险池的预期寿命数据，以确保他们能支付保险金，并且整体上能盈利。

通过一大群人来分摊风险的能力，是保险公司相对于个体的优势所在，这也是人们愿意花钱买各种保险而不是独自抵御风险的原因。你不是一名好的保险代理人。

这就是人寿保险，它帮你应对早亡风险，60%的美国人都至少拥有某些形式的人寿保险。[1]但鲜为人知的是，也有专门针对长寿风险设计的金融产品。既然很多人害怕人还没死、钱已花完，那他们绝对应该看看一种名为"**收入年金**"（简称"**年金**"）的产品。年金本质上是人寿保险的"反面"：人寿保险是预防自己太早去世，花钱保护遗属，而年金是预防自己寿命太长而缺保障（存款花完了，人还活着）。

如果你不愿听我的解释，那你可以听听《纽约时报》"个人理财"专栏作者朗恩·利柏（Ron Lieber）的说法。他最近在一篇解释年金的文章中写道："保险公司设计年金产品时，常把它们弄得像一种投资，但是它们更像保险。"利柏还说："跟抵御财务灾难的保险一样，年金是保证你无论活多久都不会没钱花。"[2]

实际上，将年金视作保险而非投资更加合理。因为，如果说年金是一种投资，那它实在是一种很糟糕的投资；但这并非年金的目标，其目标是帮你抵御人没死、钱已花完的风险。

那这个目标是如何达成的呢？购买年金意味着你付给保险公司一笔钱，比方说你在 60 岁时，给了他们 50 万美元，作为回报，你生前每个月都可以固定领一笔钱（例如每个月 2,400 美元），活多久领多久。和所有保险一样，年金不是免费的，保险公司也要赚钱才能活下去！不过，如果你的目标是用自己赚的钱将人生体验最大化，那年金会是一个非常明智的解决方案。部分原因是，如果你真的不希望人还活着钱却花光了，那么，即使扣除交给保险公司的费用后，你每月领到的钱很可能依然比你愿意为自己花的钱多。例如，关于退休支出，一个很流行的经验法则是"4%法则",也就是退休后每年取出4%的存款。如果有年金,你每年领到的钱很可能超过你年金缴纳额的4%。而且与4%取款不同的是,这些钱只要你活着,就肯定能领到。

你之所以能从保险公司那里获得稳定且相对较高的回报,原因是你无所保留,永远放弃了本金。一种极端的情况是,一个人即使在购买年金的第二天就去世,买年金的钱也不可能拿回来;相反,这笔钱会按月支付给一个活到了90多岁的幸运陌生人(此人也购买了年金)。另一方面,如果你没有年金,你就只能"自我保险"了,也就是你做自己的保险代理人。这并非良策,因为你不是任职于大型保险公司的保险代理人,你不具备分摊风险及抵消误差的能力。这样的话,要想在生前一直保持财务安全感,你就必须准备一个巨大的"缓冲垫"来应对最坏的情况,也就是被迫过度储蓄,最后你多半会在死前留下颇为可观的财产,相当于工作多年赚到的钱却没能享用。所以,如果你试图扮演一名保险代理人的角色,就绝无可能获得最优解人生。再重申一遍,这就是你并非一名好的保险代理人的原因!

经济学家普遍认为年金是一种应对长寿风险的绝佳方式,长期以来很多专家都困惑一个问题:为何不买年金的人那么多?经济学家将这个问题称为"年金之谜"。[3]

那么是不是说,你要把自己的全部存款统统用来买年金呢？当然不是，我的意思是，死前归零而不至于没钱花这道难题是存在解决方案的。可是，如果这些解决方案你连看都懒得看一下，那就太对不起自己了。

我要再说一次，我们的目标是尽可能消除浪费。你与这个目标的距离取决于你的风险容忍度。如果你容忍度低，不接受哪怕一点点人活着钱没了的可能性，那你要么买一份年金，要么自我保险，也就是准备一个巨大的"缓冲垫"。就目前来说，你活到123岁的概率非常低。（目前记录在案最长寿的人活了122年又164天。）但是，如果你是极度风险厌恶者，那么你可能会留下一个大到足以负担你活到123岁的巨大"缓冲垫"。

相反，如果你觉得如临深渊的生活没有问题，那么你无需阅读这本书，因为你多半能实现死前归零。不过，话虽如此，其实你还是需要这本书的，因为当你冒险靠近深渊时，就存在人还活着、钱用光了的风险。但一般来说，你对长寿风险的容忍度越高，你需要的"缓冲垫"就越小。因此，你愿意冒的风险越大，你用来工作赚钱却无缘消受的生命能量可能就浪费得越少。

例如，假设你的预期寿命是85岁，但是，你希望留出5%—6%的误差，那么，你可能决定多存几年的钱。在这个例子中，就是存够你活到90岁的钱。但是，万一你在85岁时去世了，而你不想浪费5年的存款，那么，只要你不在乎风险，就可以少存一点来避免浪费（而且，从现在开始到 85 岁，生活还可以稍微奢侈一点）。

我无意评价谁对谁错：风险容忍度是一种独特的个人偏好。不过，我确实希望你能明白，思考自己的风险容忍度与盲目受恐惧支配是大不相同的。因此，值得提倡的是，研究你的预期寿命，思考你的风险容忍度，并计算出你需要维持多少年的储蓄。与之截然不同的是，单纯因为太害怕人还活着钱已经没了，或者只要一想到死亡就害怕，而不敢看那些数字。如果你的生活充满恐惧与逃避，那我敢说，你要么会无谓浪费钱财，要么会因为谨小慎微，而在临死之际留下辛苦多年赚来的钱，也就是说，你一年又一年的工作，到头来只是替自己的恐惧做白工。

你要解决什么问题？

这里要给大家提个醒：年金非常复杂，甚至有不少关于年金的专著。首先，年金有好多种。其次，受年龄与健康、存款总数、风险容忍度等一系列因素影响，你完全不买年金可能更有利，又或者你应该混搭使用多种退休投资，而年金只是其中一种。

财务顾问可以帮你厘清这些问题。你不愿阅读年金专著情有可原，但是，你不能一窍不通，你必须清楚地知道你希望顾问帮你做什么。首先，你需要明白，有些财务顾问不是很希望你买年金。如果你的顾问是按财务专业里所谓的"管理资产"抽成，那么他们的动机将是增加管理资产。他们最不希望发生的事情就是，你把他们替你管理的投资组合里的所有钱都取出来了，毕竟对他们来说，年金构成竞争关系。

但是，假定你找的是"只收费"（即收费固定）的顾问，他们没有回避年金的动机，也不会因推销年金而抽拿佣金，这就很棒，因为正反两面都不存在利益冲突。你的顾问通过头脑体操为你制定计划，但是，你首先得清楚地告诉他们你的目标是什么、你想要解决什么问题。如果你是屋顶漏水，就别找水管工，即使是世界上最好的水管工，也没法帮你补漏。同样地，你的财务顾问可能很会选股票，但是，这只在让他们解决你的致富问题时才契合，可我们要解决的问题是你人生的总体愉悦感。

请允许我再强调一遍：**我们要解决的问题是你人生的总体愉悦感。**

也就是说，本书的前提是你应该关注自己人生的愉悦感最大化，而不是财富最大化，这是两个非常不同的目标。钱只是达成目标的一种手段，赚钱可帮你实现人生愉悦这个更加重要的目标，但试图实现财富最大化实际上会妨碍这个更重要的目标。

所以要时刻将这一目标牢记在心里。将"最大化人生总体愉悦感"作为你的准则,用它指引你的每个决定,包括和你的财务顾问该聚焦哪些问题。如果你跟自己的"只收费"财务顾问说你的目标——尽可能用自己的存款获得更多愉悦,而且不能人还活着存款却花完了,那么他们就能帮你制定一个有针对性的计划。

本章关注了该计划的一个部分,也就是如何避免没钱花,如何避免花太多,导致存款不够用。但是,这只解决了死前归零一半的问题,另一半的问题是如何避免因花太少而浪费生命能量。所以,如何才能将钱花光,才不会在死前留下资产及满腔悔恨呢?用财务顾问的话说就是:你应该如何计划"消耗"多年积累的财富?这个问题的完整回答在第8章"了解你的峰点"中,在此我先给出一个简短的答案。首先你要跟踪自己的身体状况,这样你就知道应该在什么时候支出大于收入(即何时动用存款)。与此同时,你也要预估自己的死亡时间,了解**每年仅够你活下来的成本**是多少,因为由这两个数字可以算出,从现在到生命尽头你所需的最低开销。

最低开销以外的所有存款,你都必须"凶猛"地花在自己喜欢的体验上。之所以强调"凶猛",是因为健康状况下降及兴趣消减意味着,你的活动清单将随着年龄的增长而变短。换句话说,你的花钱速度不会保持不变。如果你希望死前归零,希望在生命的每时每刻,无论健康状况如何,都能活到极致,那么,相比于60多岁,你需要在50多岁时花更多钱,60多岁时又会比 70 多岁时花更多钱，更别说 80 多岁和 90 多岁了！第 8 章将进一步阐述这些理念，并提供实现这些目标的工具。你可以独自实现，也可以在财务顾问的帮助下实现。

倒计时

与所有现存的生物一样，人类在进化中活了下来。当然，我们希望的不只是为了活着而活着。例如，如果我让你在"为了活着而活着"和"尽兴活着"两者中二选一，你肯定会选后者。但是，我们的生物特性决定了尽可能过上最好生活的动力不如生存本能那么强烈和自然。避免死亡是我们的第一要务，其他任何东西在这一目标面前都无足轻重。我的朋友库珀·里奇有一句话说得很好："人类大脑面对死亡生来就是不理性的。"人们总是避免谈起死亡，就好像死亡永远不会降临，太多人对于死亡没有规划。对他们来说，死亡只是未来某个神秘的日期。

这种全面的抗拒也就解释了，为何那么多人愿意花钱延长生命，哪怕只是多活几个星期，就算要花好几万，甚至几十万都在所不惜。从这个角度想一想：这么多钱可是他们花了好几年甚至几十年辛苦工作赚来的。他们付出**多年健康且充满活力的生命**，只为"续费"**几个星期的瘫痪病体**。如果这都不算"不理性"，那还有什么算得上？

死后留下的钱对你来说显然毫无价值，这也是我提倡死前归零的原因。所以，一个人在临终之时将手上所有钱都用来延长生命，哪怕只是延长那么一点点，都不算不理性。这种时候面临的就是两个选择：要么用掉，要么失去。正如三位权威经济学家所写的，"花大把钱接受徒劳无用的医疗护理是理性的，因为把财富留在身后毫无价值"。[4]

但是，这种说法只在你没有计划的情况下才成立，这就是在糟糕的局面下努力获得的最好结果。可你为什么会陷入这种糟糕的局面呢？肯定不是故意的。如果你提前理性思考，在你健康状况良好的时候做出计划，就绝对不会遭遇这种局面，因为你的计划不可能是在你人生最后几周里花那么多钱——这完全是不合理的。

可问题就在于，即使死亡并非近在眼前，人们面对死亡时也是不理性的。这也是人们如此恐惧人活着、钱没了的原因，恐惧到迫使许多人为了那个遥远的未来过度储蓄，其结果就是无法尽情享受现在。

但是，死亡与衰退对每个人来说都是真实的，因此死亡的时间理应影响你现在的行为。我们一步一步思考，首先考虑最极端的情况：如果你知道自己明天就会离世，那你今天的行为和活动肯定会发生变化，甚至可能180度大转变。现在往后退一步：如果你距离死亡还有两天，你行为和活动的变化可能稍有不同，但是比起你还能活50年或75年，这算是很大的变化。现在想一想，如果你知道自己距离死亡还有三天，你的行为会怎么改变？365天呢？现在重复这个过程，一直倒数至死前14,000天或25,000天，或者你实际上很可能拥有的天数。请注意将这种思路应用到你的实际死亡时间会怎么样、会如何改变你的计划。

还要注意，我的意思**不是说**你应该把每一天当作最后一天生活。我们总是需要在活在当下与规划未来之间取得平衡，随着死亡临近，这个平衡也将逐渐倾斜：离死亡越近，就越需要紧迫感；而离死亡越远，就越应该也越是可以规划未来。但是，如果我们完全不研究自己的死亡时间，行为处事就好像我们将永生一样，那么，我们将绝对无法取得适当的平衡。

可是，思考死亡令人难受，因此我们倾向于不去思考，若无其事地生活。我们迟迟不去体验那些美好的事，就好像我们在人生最后几个月里，可以轻易获得那些我们推迟了一辈子的体验。但是，这明显是不可能的，完全是天方夜谭。

我知道"忠言逆耳"，这些话可能会让你感到不舒服，但是，我实际上已经开始使用一款名为"倒计时"（Final Countdown）的app，朝着估计的死亡时间倒数天数（还有年数、月数、周数等），我已经督促我所有朋友效仿。[5]我知道这个app有多么令人不安，但是，死亡提醒可以给你急需的人生紧迫感。

看到星期的倒数数字，就可以提醒我自己还拥有几个周末，是多是少；看到年份数字，就可以提醒我自己只剩这么几个圣诞节、这么几个夏天或秋天可以享受了。这些近在眼前的提醒改变了我的想法和行为，例如我要跟哪些人联系、我跟人说"我爱你"的频率等。在与随波逐流本能的对抗之中，"倒计时"让我占据优势。如果遵循随波逐流的本能，我的行为方式会像死亡不存在一样。实际上，我在后面的一个章节中将阐明一个观点：我们每个人在迎来最后的死亡之前都会死亡数千次。"倒计时"这一工具能帮我们在生活中更加在意上述事实。

我要说的是，死前归零不仅仅涉及金钱，还涉及时间。如果从现在开始，多思考一下如何使用你有限的时间，即你的生命能量，那么几乎可以肯定，你将度过极为充实的一生。

建　议

◎ 如果你担心自己某一天人还没死、钱已经花光了，那可以花一点时间看看年金，把它当作一种可能的解决方案。

5

那孩子们怎么办？

准则 5 | 在钱能发挥最大作用时，将其交给子女或慈善机构

每次跟人谈起死前归零，我都会被花式问到同一个问题："那孩子们怎么办？"这个问题每次都会被问到，无一例外，我跟谁交谈都是如此。

有些人提及时甚至带有道德说教、自我牺牲的调调。他们曾跟我说："好吧，没有孩子的人才会说这种话。"当他们知道我有两个女儿之后，一些人依然会委婉地说死前归零是最自私的行为。无论他们怎么表述，只要问到孩子，大部分人的意思都是：死前归零可能对只顾自己的人有利，但是，你不该考虑一下自己的孩子吗？因为，如果你考虑一下自己以外的人，你

就不会死前归零，一定会留一些钱给子女。他们的言外之意是，如果死前归零只是自私混蛋的处世哲学，那为他人着想的体面人绝不苟同。

太多人在我面前表现这种道德优越感了，我真的听不下去，因为太虚伪了。实际上，从"孩子"角度反对死前归零的人，往往不会把自己的孩子放在首位，对待自己的孩子也不怎么上心。何出此言？我举个例子大家就知道了，下面是我和我最好的朋友一段很有代表性的对话。

当我的一个好朋友不能免俗地问出"那孩子们怎么办"这个问题时，我首先解释说留给你孩子的钱**不是你的钱**。所以，当我说你应该死前归零时，不是在说将你孩子的钱也统统花光，我说的是花光**你自己的钱**。

也就是说，无论你要分给子女多少钱，请在死前就给他们，为什么要等到死后？

请注意，跟我交谈的是我最好的朋友，我们总是不留情面地指出对方口中的"屁话"，所以我直白地说："你说的都是些屁话！你给自己孩子设立的信托基金在哪呢？你打算投入多少？将从什么时候开始分配收益？**你有没有想过这些问题，还是说你只是人云亦云？**"

你理解我的意思了吗？如果你真的像自己说的那样把孩子放在首位，那就不要等到离世后再来展现你的大方。（我常说死人没办法送钱——死人啥都干不了。）将孩子放在首位，意味着你应该提早把钱给他们，你应该制定一个周详的计划，确保将留给子女的钱在其能发挥最大效用时交给他们。如果你有孩子，那么一个真正的死前归零计划是将孩子考虑在内的，你应该早就把他们的钱（你不能再"染指"）与你自己的钱分开了，你必须花光的是自己的钱。这就是我对"孩子"问题的简短回答，本章剩余部分将提供完整答案。

临终给钱：继承问题

提到孩子的人都会说计划死前归零的人不会留下遗产，子女也就没有遗产可继承，这对他们来说将是多么可怕。但荒谬的是，这些人往往还会说你应该尽可能为了退休多存钱，因为你不知道自己什么时候会死。既然你不知道自己什么时候会死，而你又那么在乎自己的孩子，那你为什么要等到那个"随机"的时间才让你的子孙后代拿到你给他们的遗产呢？实际上，你怎么能确定你的孩子在你去世时都还活着呢？

这就是继承的问题：你把太多事情交给老天了。但是请记住：人生可能瞬息万变。无论你留下多少遗产都需要非常走运，才能让每个继承人恰好在他们最需要钱的时候拿到你的遗产。你的钱很有可能"迟到"太多，无法对继承人的生活质量产生最大影响。

你猜人们最常在多大年纪继承遗产？美联储委员会关注过

这个问题，他们研究后发现：就所考察的几个收入群体来说，"遗产继承人"的"高峰"年龄都在60岁左右。换句话说，如果你就"一个人继承遗产时年纪多大"跟人打赌——假设你只知道这个人将继承遗产，其他的一无所知——那么你的最佳选择是60岁。（他们的报告指出，因为活到80岁的人最多，父母与子女之间最常见的年龄差距是20岁，所以这个结果在情理之中。）

当然，由60岁的高峰年龄向两边有一个延展分布，即许多人继承遗产的年龄比60岁小，还有许多人比60岁大。[1]总的来说，该数据近似于正态（钟形）分布，也就是只要有100个人在40岁左右（比高峰年龄小20岁）继承遗产，就会有100个人在80岁左右继承！有些人可能会从其他人而不是父母那里获得遗产，继承人年纪越大越有可能是这种情况。但是，这并不重要，无论是从父母还是从其他人那里继承遗产，数据都清楚地显示，许多人是在晚年获得遗产的，而这并非"最优解"。

归根结底，如果你一直等到死后才让子女继承遗产，你就相当于"听天由命"了，我称之为"三个随机"：在**随机**的时间，将**随机**的财产数量，给予**随机**的人（因为谁能知道你的继承人中，哪些在你死的时候还活着？）。随机，怎么可能是为他人着想呢？恰恰相反，完全听天由命意味着你明显不在乎自己工作多年，竟只是替未来一个随机的人工作；也意味着你可能并不在乎与你最亲近的这个人实际上能拿到多少或者什么时候能拿到。事实上，完全听天由命将大大增加一种可能性：无论你能给予子女什么，都会因为太晚给到，而对他们的生活并无太大帮助。

图 4　不同收入群体继承遗产时的年龄分布

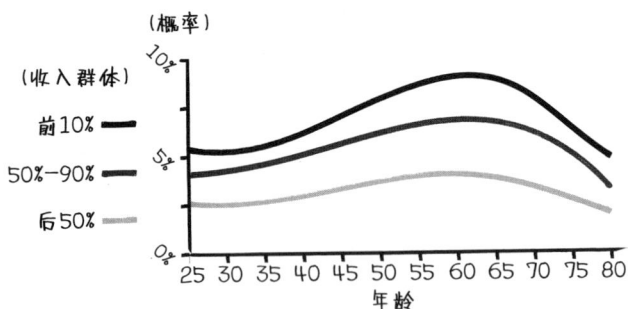

对所有收入群体来说，60 岁左右收到遗产的可能性最高（2013—2016）

我的同事玛丽娜·克拉科夫斯基曾在本书的调研与写作方面提供帮助。她读过一篇文章，写的是一位女性，尽管这位女性的母亲经济十分宽裕，[2] 她本人却极为困窘。玛丽娜对这位女性做了详尽研究，以下是她的发现：

弗吉尼亚·科林离婚后，经济状况一直不是很好。她独自抚养四个小孩，前夫几乎从未支付过抚养费，用她的话说就是"基本挣扎在贫穷边缘"。[3] 她最终再婚并找到了一份体面的兼职，经济上才稳定下来。在她49岁时，母亲去世，享年76岁，母亲留给她一大笔遗产：她与另外四位手足各自获得13万美元的遗产。弗吉尼亚指出："我认为65万是免交遗产税的最高限额。"她的意思是，她父母积攒的财富很可能不止65万美元。

毫无疑问，这笔13万的意外之财真的很棒，"但是，如果能早一点拿到，它将更有价值，"已68岁的弗吉尼亚说道，"我已摆脱贫穷——尽管不算富有，但当时我们已过上了中产阶级下层的舒适生活。"彼时这笔钱更像是"锦上添花"，如果早个一二十年，那才是"雪中送炭"。

这是多么可悲的一件事：她曾那么多年连自己和孩子都快养不活，父母却很有钱；但是就跟美国文化里很多人一样，父母只想等到自己死后才把钱给她。

弗吉尼亚的父母已经不在了，所以要想知道他们如果听到我"死前归零"的理论，他们会说些什么，就只能靠猜测了。如果他们和我遇到的大多数人一样，他们很有可能会说："那孩子们怎么办？"

花钱落实你的想法

我知道我说这些听上去有些刺耳，但是，我的目的并不是指责每个人都是"伪君子"。大部分人都真心想对自己好、对子女好——如果他们成了"伪君子",那也是无心之失,因为他们未能落实那些好意——当一个人"说一套做一套"的时候就会如此,无论这种言行不一致是有意还是无意。例如,在你内心深处,你希望享受自己的闲暇时光,但实际上你还是花很多时间查看工作邮件。再比如,你说你希望为子女提供经济保障,但你子女能否从你那里获得遗产、实际上能获得多少遗产,你最后把这些问题都交给了"随机"。

与此相反,死前归零可以确保你落实自己的好意,这是一种考虑更加周到的方式,同时体现了严肃、认真及替他人着想。就孩子来说,死前归零的周到体现在将孩子放在首位,首先仔细思考给他们留多少,然后再去执行,而且是在你离世之前。

这与许多——就算不是大多数——美国人给予子女财产的方式截然不同。不可否认,有些人确实不会等到离世的时候才将财产交给子女,但是这种被经济学家称为"生前"转移的方式,只占所有财富转移的一小部分。绝大部分——根据年份不同,在八九成之间——在 1989 年到 2007 年获得某种财富转移的家庭,都是继承了遗产。[4](我更希望这个百分比降为零,但如果现实一点的话,能降到 20% 我就觉得不错了,因为有些人会英年早逝。)而且,就连被继承人是不是"真心实意"要将所谓遗产留给继承人,也完全是未知数。研究遗产数据的经济学家表示，人们给子孙留遗产的动机似乎混杂了"有意"与"无意"。所谓"有意"是指，你确实希望子孙拥有一定数量的财产。"无意"的部分是预防性储蓄的随机副产品。例如，有些人存钱是为了应付意料之外的医疗费用，但最后没有机会使用这些存款，于是这些钱被子孙"捡漏"。当经济学家考察实际的遗产数据时，很难分清一笔遗产是有意还是无意留下的，这是因为到最后两种类型的遗产看着没什么区别，你唯一知道的就是一个活着的人获得了一笔遗产。[5]

问题还不仅仅是经济学家及继承人无法分辨哪些是有意的，真正令我迷惑的是赠予者本人也不是很清楚。我之所以这样说，是因为如果对自己的意愿很清楚，你就**不会**把有意的赠予和无意的赠予（用不到的存款）都混在遗产之中。相反，你会想清楚你希望给多少，并在**生前早早给出**。你希望女儿获得多少你的财富，是 5 万还是 2 万？无论金额多少，如果你的意愿是把这笔钱给她，那么我建议你实打实地把这笔钱给她，实现自己美好的意愿。对子女上心一点，就像我说过让你对自己审慎一点。你怎么想的、怎么说的，就怎么花钱。

理性思考的敌人：随波逐流与恐惧

在孩子与财产赠予方面，为何那么多人的行为不能更加审慎？其中一个原因是随波逐流，它是审慎的反面。随波逐流很简单，你身边大部分人都如此，所以，当你跟着他们有样学样时，也就和其他人一样随波逐流了。事实上，你可能都意识不到自己是在随大流。一个可悲的事实是，许多人本可以对自己的人生更加审慎，但是没能做到，对他们的子女也是如此。

可是，即使你停下来认真思考你希望子女获得什么，并怀抱最美好的意愿，你仍然需要克服另一种妨碍你理性思考及审慎行动的强大力量：恐惧。弗吉尼亚·科林的父母之所以没在她贫困交加时"慷慨解囊"，正是因为恐惧。"我父亲来自一个德国移民家庭，他小时候正赶上'大萧条'，"弗吉尼亚解释说，"他穷怕了，即使已经非常有钱了还是怕。万一染上一个要花很多钱的大病，如何是好？"

结果弗吉尼亚的父亲真的活到了90多岁，比她的母亲活得更久，尽管他生了一些大病，但私人保险及老人医疗保险报销了大部分费用。

我知道放马后炮很容易，也许他只是运气好，万一他染上一种特别花钱的疾病，例如通常需要长期治疗且花费昂贵的阿尔茨海默病，该怎么办呢？不就需要动用他的存款了吗？不过，我前面说过，如果这就是你觉得有必要不停存款的主要原因，那么请记住，你可以购买长期护理保险，就跟购买其他任何一种保险一样。你通过大量储蓄来应对可能永远不会降临的危机属于自我保险，而长期护理保险花的钱要远低于这种保险的投入。

无论如何，弗吉尼亚都从父母的经历中学到一个教训：不要等到死后才给钱。对于她五个年龄在 29 岁到 43 岁的子女及继子女，她和丈夫决意根据他们的需要尽早把钱给他们。"如果你在 30 岁时拿到钱，"她正确地指出，"你就可以买一栋不错的房子，在你希望的环境里养育孩子，不必像我一样历尽千辛万苦。"

时机意味着一切

弗吉尼亚的故事已说明：时机是关键。我们已经证明等到死后才把钱给子女并非最佳选择，那什么时候才是最佳时机呢？

要说什么时候不适合，当然容易得多。大部分人不会在子女 12 岁的时候就将财产给他们，就算 16 岁也不太可能。儿童及大多数青少年显然没有能力管理财富。

当然，这不等于"越晚越好"。我也不会说，子女到了某个年纪就"为时已晚"，你也不必再给他们钱——毕竟，晚给总比不给好，但是在 40 岁给比 50 岁更好，50 岁比 60 岁好。为什么呢？因为一个人从"赠予之物"中真正获得快乐的能力会随着年龄的增长而下降。同理，过了某一个年纪，你将钱财转化为愉悦体验的能力也将下降。许多活动都需要你至少达到一个最低限度的心理与生理状态才能去享受。

例如，如果金钱的**最佳效用期**（金钱能带来最大用处或快乐的时间）发生在 30 岁，那么你在 30 岁时，用每一分钱都能买来等值的快乐。到你 50 岁时，金钱的效用大大降低，你花同样的钱，所获得的快乐却大打折扣。你在身体健康、活力四射的 30 岁时花 1 美元就能获得的快乐，此时需要花更多的钱（例如 1.5 美元）才可以得到。同理，随着你已成年的子女年纪越来越大，你给他们的每一分钱价值将越来越低，到了某个节点后，对他们来说，你给的钱将变得几无用处。

让我们看一个更加具体的例子。假设你无视我的建议，没有提早将钱交给子女，而是遵循更传统的方式，在死后留一些钱给他们。假设你的预期寿命是 86 岁，你的长子比你小 28 岁，那么在你去世时，长子在他 58 岁继承遗产。这个时候，他早就过了能从那笔遗产中获得最大快乐的"高峰"年龄。虽然我不知道高峰年龄究竟是多大，但是基于我对人类生理与心理成长的了解，应该是落在 26 岁到 35 岁之间，58 岁显然过了这个最优点。

实际上，我最近在推特上做了一个非正式调查，问题是：你们意外获得一笔遗产的理想年龄是多大？结果大多数人都同意我对"高峰年龄"的看法。总共有 3,500 多人投票，其中极少数人（仅 6%）表示，继承遗产的理想年龄是 46 岁或以上，29% 的人选了 36—45 岁，仅 12% 的人选了 18—25 岁。明显胜出的是 26—35 岁这个范围，超过一半的人选择此项。原因何在呢？一些人提到了金钱的时间价值及利滚利的威力，由此认为越早拿到钱越好；另一方面，也有一些人指出，太早拿到钱时这个人可能不够成熟。在这两个问题之外，我还想再加一个身体健康因素：在你身体不可避免地开始衰老之前，金钱带来的价值更大。最终的结论是什么呢？26—35岁这个年龄段完美避免了上述问题，因为这些人年龄够大，足以让人托付财富，也够年轻，能完全享受金钱带来的好处。

这就表明，在人们的主观意愿与美国遗产数据反映出的大多数人的真实情况之间，存在鲜明对比。你不可能总是得偿所愿，但你也是潜在的"赠予者"，而这些话是对"赠予者"说的。如果你有余钱给子女，那么你有权决定什么时候给他们。请不要浪费这个机会！如果继承人过了最佳接收年龄，那无论你给他们什么东西，价值都将打折。如果你希望自己给出的金钱发挥最大效用，而不仅仅追求金额的最大化，那么你应该争取在他们处于"高峰"年龄时给钱，越接近这个峰值越好。

对于在子女多大年龄时才适合将财产转移给他们，你可能不同意我的看法，但即便如此，你也必须承认，给子女的财富将随着时间的推移而贬值。直接看一种极端的情况：长寿的你在生命尽头才遗赠财产。将财产给一个76岁的老人有意义吗？没有，大多数人会说这时候受赠人已经太老了。（我朋友贝尔德的母亲已76岁，她知道在她有生之年，自己的钱肯定是花不完了——她上一次出去旅行，前后有5天，她说其中2

天是多余的。因为钱在她手上已经用途有限，因此她试过把钱给贝尔德，可贝尔德已 50 岁，到了这个年纪，他真的已经不再需要这笔钱了！）

最优化不分父母或子女，同样的原则——例如金钱贬值——适用于所有人。如果你的目标是收获"最优解"人生，那么，你自然也希望子女拥有"最优解"人生。所以，如果你想让自己的赠予能在子女那里发挥最大效用，你就必须考虑他们每个人的年龄。使用这种思维方式后，你就会把无法带来人生愉悦的钱财拿出来，用到能发挥它最大效用的地方。

对于我自己的孩子，我正朝着这个方向努力。我的两个女儿都不到 25 岁，为了她们，我制定了一个教育储蓄计划（529计划），设立了一个信托。这里要强调一下，信托里的钱是她们的钱，不是我的，我往里存钱是因为我觉得合适，我最多愿意给多少就会往里面存多少。我的继子年龄稍微大一些，已经29 岁，所以他已经拿到了他"应得遗产"的 90%，他用这些钱买了一栋房子。（顺便说一下，按这种方式分批给钱完全没问题。我很确定，我不会等到他 65 岁才把剩下的部分给他！）

我确实立了一份遗嘱，但只是说明万一我意外死亡后如何处置财产。不久前，我意识到我遗嘱里的继承人，有的比我年长，包括我的母亲、姐姐和哥哥，这不禁让我想到：**何不就现在呢？** 相比以后，他们现在更能享受我的赠予，所以我希望现在就把钱给他们吗？答案是肯定的，所以我按遗嘱里的数额把钱给了他们。

简言之，我选在适当的时候将钱给予子女及其他人，也就是在那些钱能为他们的生活发挥最大效用的时候；之后，那些钱就不再是我的钱，而是变成他们的钱。两者存在明显的区别。我发现这种做法能让人解脱：我自由了，可以放开手脚为自己花钱了。就算我想要疯了一样地花钱，也不用担心子女受到影响。他们可以按自己的意愿花自己的钱，我也是。

你真正的遗产不是金钱

本章我花了很大篇幅谈论如何将财产交给子女，不过，这只是因为问出"孩子们怎么办"的人大部分说的都是钱。但是请记住，金钱只是实现目的的一种手段，钱要用来购买有意义的体验，这些体验将构成你的人生。我在第 2 章就解释过，我将假定你的人生目标不是最大化收入与财产，而是最大化你人生的充实感，同时你也努力让自己的子女获得最大充实感。

回忆也是如此。就像你想要创造亲子回忆，你应该也希望孩子拥有关于你的回忆，它们都能带来回忆红利：你一份，孩子一份。所以，你希望自己在孩子的记忆里是什么样子？换句话说，你希望创造怎样的亲子体验？

不要等到来不及了，才来思考这个问题。想想那些没有父母陪伴的孩子，站在他们的角度思考一下。我一个朋友从他父亲那里继承了大量财产，但是，在他成长过程中，父亲几乎完全缺席，总是离家在外做生意赚钱。因此，尽管他家很有钱，他的童年却很惨。多年的情感忽视让他们父子的关系常年紧张：当父子俩终于有时间相处时，他们发现两个人都不自在。那些遗失的时光与关爱真的没办法弥补。现在，当我的朋友回想他父亲的"遗产"，物质财富几乎是唯一让他稍有感激之情的东西。

那首《摇篮里的猫》(*Cat's in the Cradle*)唱的就是这个主题，歌词讲述了一个男人令人心碎的故事：他基本上完全错过了儿子的童年，因为总是要"赶飞机"，总有"账单要付"。

很多人引用《摇篮里的猫》，因为歌曲令人动容，让许多听众感同身受。我也喜欢这首歌，喜欢它传达的信息——你不可能无限期推迟与子女的相处，但是，这只说对了一半。是的，为了一个美好的未来，我们中的许多人都东奔西走、忙忙碌碌，完全没意识到与孩子共同创造重要体验的时机就是现在。但是，仅仅停留在这个层面还是过于简单，因为与孩子相处"过犹不及"，多出来的相处时间收益有限。你不可能事事推迟，但有些是可以推迟的。

我确实坚信，对于子女来说，你真正的遗产是与他们共同拥有的体验，特别是在他们成长过程中创造的那些体验——你给予他们的教诲及其他回忆。但是，我不愿矫情地说人生中最美好的那些事都是免费的。实际上，人生最美好的事并不免费，因为你做任何事都是一种取舍：做了这件事，就没法做那件事。花时间陪家人通常意味着，这段时间你无法赚钱；反之亦然。然后，你可以用一种更加量化的方式思考"体验"，帮助你更好地决定如何分配时间。

但是，在论述这个问题之前，我首先要明确我的主要观点：你留给子女的众多体验之一应该是"陪伴"。

陪伴至关重要，因为你留给孩子的记忆对他们影响深远，好的坏的都是如此。科学家已经证实，在儿童的早期阶段获得更多的父母关爱，这样的年轻人通常拥有更和谐的人际关系，出现物质滥用及抑郁的比例也较低。一项针对 7,000 多名中年人的研究还显示，慈爱细心的父母对子女产生的正面影响将一直持续到成年之后很久。研究人员就他们对父母的记忆提出若干问题，例如："在你需要时，她/他给予你多少时间及关注？""她/他教给你多少人生道理？""你如何评价自己成长过程中与母亲/父亲的关系？"

显然，对于以上问题，一个人打分越高，说明其对父母的儿时记忆就越正面。那么研究人员有什么发现呢？将这个分数与另外一些问题的回答做相关分析，研究人员得出结论：记忆中受父母关爱更多的成年人，身体状况更好，抑郁水平更低。[6]说到"体验"这个词，你不太可能联想到父母给孩子讲人生道理或者父母只是花时间照顾孩子的画面，但所有这些确实都属于"体验"，而且是不可或缺的，会在未来某个时候以出人意料的方式"开花结果"。

那么，怎么对这些事情进行量化呢？一项正面记忆价值几何？你的第一直觉可能是"无法量化"，或者认为那些记忆是无价的。不过，如果换一种方式提问，即对你来说，在湖边木屋住一周价值有多大？与深爱的亲人相处一天呢？其价值也许极高，也许很低，但是，你应该可以给出一个大概的数值，这就表明一项体验的价值是可以量化的。（实际上，你可能会想到在前面的章节，我们曾用"体验积分"量化体验。）

我之所以强调亲子体验价值的量化，原因就在于，它可以迫使你停下来思考什么才**真正**符合孩子的最佳利益：可能是赚更多钱，也可能是花更多时间陪他们。太多人会觉得自己是为了孩子在工作，他们只是想当然地认定，赚更多钱对孩子有好处。但是，除非你停下来思考那些量化的数字，否则你不可能知道，牺牲时间赚更多钱是否会给孩子带来净收益。

思考这些数字有什么用呢？让我们看一个极端的例子。假设你生活在一个丛林里，你必须"外出工作"，去砍树，修建一个仅仅能为家人遮风挡雨的容身之处。当你必须工作，家人才能存活时，你自然要去工作，而不是陪伴他们。但是，一旦过了工作仅为满足基本需求及避免负面体验的阶段，你就可以开始用劳动换取正面的人生体验。考虑到孩子，你可以通过工作赚更多钱，为他们购买体验，或者利用空余时间陪伴他们。

另一种极端是，工作时间过长且经常出差的亿万富翁，完全不花时间陪孩子。如果你已经是个亿万富翁，那么可以断定：你哪怕稍微多花一点时间陪孩子，对他们也有益处。即便对你的事业有所损害，但这些经济损失微不足道，而你孩子的"收益"将无比巨大。所以，对家庭来说这是净收益，对你也是。

陪伴孩子的价值就好比水的价值：如果你拥有 50 加仑的水，哪怕一加仑水只要一分钱，你都不会去买；但如果你是在沙漠里，快被渴死了，哪怕获得一加仑的水要砍掉你一只手臂，你可能都在所不惜。

当然，我们大部分人都处在这两个极端之间，我们既不会为活命而工作，也不会完全忽视孩子。因此，我们面临的情况更加复杂，要在时间与金钱之间做出取舍。但是，就算答案不明显，思考过程也应该和两种极端情况一样：对你和你的孩子来说，你多干的每一小时真的值得吗？工作能增加你的遗产，还是说工作反而会消耗你的遗产呢？

无论什么收入水平，父母只要去工作，对孩子就是有利有弊。父母的工作收入可从许多方面改善孩子的生活，但是，正如经济学家卡罗琳·海因里希（Carolyn Heinrich）所说，工作（特别是长时间工作及上夜班）会减少亲子时间，还会给子女的生活带来很大压力。低收入父母更有可能从事压力大、时间长的工作。[7]不过，当然了，大多数人都必须靠工作来养家糊口，而有时候在工作与陪伴小孩之间并不容易找到最佳平衡。

你和你孩子所处的人生阶段也很重要。就像你不能无限期延迟滑雪之旅，因为滑雪对身体的基本条件有最低要求；你也不能一直缺席你 6 岁孩子的生活，因为你孩子终将长大一岁，7 岁也是如此，儿童期也是如此。意识到这些机会将逐渐消失，你应该重新评估自己为了这些体验愿意放弃多少钱财。

现在请试着从孩子的视角来看待这个问题，因为我们现在要做的是最大化孩子的充实感。你认为对孩子来说，你多陪伴他们一天的价值有多大？或者她放学回家发现你在家里，价值又有多大？又或者你去观看她的足球比赛或个人音乐表演呢？我很清楚孩子们在当下很可能不会觉得这些体验有多宝贵，特别是在他们年纪还很小的时候。如果我问我的大女儿"我去看了你的一场比赛，你感觉如何？"她可能压根就听不懂我在说什么，但毫无疑问，这些共同体验是宝贵的，特别是在日后想起来的时候。我要再说一遍：金钱的目的是获得体验，对你的孩子来说，其中一种体验就是陪伴。因此，如果你光顾着赚钱，而不去和孩子创造共同的体验，那么，无论对你，还是对你的孩子，都是一种"剥夺"。

如果你真的理解了"你留给子女的遗产是体验"这一观点，那么你可能会得出一个略显激进的结论：一旦你的财产足够满足家庭的基本需求，那么，你继续去工作赚更多钱，实际上可能是在消耗给子女的遗产，因为你与他们相处的时间变少了！你越是富有，这一结论可能越是正确。

慈善等不起

你猜怎么着！我前文关于在适当时间将钱给子女的说法，几乎全都适用于慈善捐赠。无论金钱或时间是给子女，给慈善机构，还是给你自己，关键点都一样：存在一个最佳时机，但绝不是在你死后。

《纽约时报》曾报道过一条转发次数名列当周前茅的新闻，标题是"96岁秘书秘密攒钱，捐款820万！"。想想真是令人震惊！这条新闻讲的是布鲁克林一个名叫西尔维娅·布鲁姆（Sylvia Bloom）的法律秘书，依靠工资积攒了大量财富。她结过婚，但是没有小孩，她在华尔街的一家律所工作了67年，住在一间租金管制公寓，甚至到了90多岁还在坐地铁上下班，她的一部分存款来自"照抄"律所律师们的投资，只不过投资金额较小。

布鲁姆女士身边的人在她生前，全都不知道她攒了这么多钱。她将624万美元的遗产捐给了一家名为"亨利街安置会"（Henry Street Settlement）的社会服务组织，将另外200万美元捐给了亨特学院（Hunter College）及一个奖学金。安置会的所有人都惊呆了，布鲁姆的侄女是安置会财务主管，她尤其震惊。这笔捐款是安置会创立125年以来，最大的一笔个人捐赠。安置会的执行董事称这笔捐赠是"无私的象征"。

我能理解他这么说的原因。自己生活如此节俭，死后捐出这么多，看着确实很"无私"，而且她确实是做了好事。但坦白说，我认为布鲁姆的行为并没有那么无私。

死后无法慷慨

在我解释布鲁姆的行为何以没那么无私之前，我先说明一下：如果无法知道一个人的意愿，我就无法判断其决定是好是坏，是理性还是非理性。例如，我个人更愿意将时间与金钱用在人，而不是动物身上。但是，如果有人更愿意做动物救援志愿者，而不是流浪汉收容所的志愿者，我有什么资格说这是不理性的呢？只要所做即所愿，我就必须尊重他们的决定。就算他们的决定与我的决定不同，也是如此。偏好没有道理可言。

因此，西尔维娅·布鲁姆工作一辈子，省吃俭用攒下来的钱最后全都捐了，我也不能说她这么做不对。我们只能猜测，她是不是有意克制自己，只为大额捐赠（如果是这样，那确实是大方）；或者她是否只是随波逐流，受益人终将获得她的遗产（这就不是大方了）。原因何在？因为人一旦离世，其财产转移就交由法律强制执行了，这个人在其中的话语权（通过遗嘱实现，而遗嘱显然是在生前立下的）就只剩下财产移交给谁。无论如何，你的财产都会易主，这怎么能称得上大方？死人不交税，只有遗产接收人交税。所以，你只有在活着的时候才能大方，才能真正做出抉择并承担其后果，才能选择将你的金钱、时间给谁或不给谁。如果你在活着的时候大方捐赠，那我会认为你是无私的，而死后就无从选择了。所以准确来说，死后无法慷慨。

效率低得可怕

你可能觉得我有点抠字眼了，对"无私""大方"及"抉择"等几个词咬文嚼字。毕竟布鲁姆确实省吃俭用地存钱，并通过遗嘱将存款捐给了慈善机构，所以她必然抱有"慷慨大方"的意愿，对吧？没错。并且她在存钱时，内心深处知道某一天这些钱会捐给她在意的公益事业，在这个过程中她可能也获得了不少快乐。慈善捐赠说到底不也是另一种获得体验的方式吗？

那么问题何在？问题在于效率低得可怕：在布鲁姆生前，有需要的人并未受益于她的慷慨捐赠。尽管财富越来越多，但是她主动选择只花一点点，消费水平一直远低于她的收入。她坚持坐地铁上班，坚持住在租金管制的公寓（顺便一提，这间公寓本可以由一个生活更困难的人租住）。让我们假定她是特意存钱，这样就可以捐钱给那些慈善事业。可是，她为什么不早一点捐钱给自己支持的慈善事业呢？她明明可以做到的。

话说回来，可能她存钱的一部分动机是未雨绸缪，她也许认为自己 72 岁时很有可能要花 200 万来照顾自己；或者，账户里的钱越来越多对她来说是一种"成就"，一种衡量她有多成功的方式，而不是影响世界的一种手段；又或者，她并没有认真思考过，毕竟，死后大额赠予在美国文化中根深蒂固。我无法确定，只能猜测。但我很笃定，她的延迟是低效的，因为她支持的慈善机构本可以早一点收到她的钱，早一点投入使用，早一点惠及更多人。

比如，大家可以想想罗伯特·F. 史密斯（Robert F. Smith），他捐钱给莫尔豪斯学院（Morehouse College）2019届学生，帮他们还清了全部的贷款。无论他的动机是什么，无论他捐了多少，关键是史密斯没有把捐款放进他的遗嘱里，他在自己活得好好的时候，让**当时**的毕业生离开学院时无债一身轻。

更有意思的是，西尔维娅·布鲁姆也给教育机构捐了钱，因为投资教育的益处广为人知，受惠的不只是学生（他们接受教育后，能找到更好的工作，从而身体更健康），还有整个社会。教育最明显的社会收益是降低贫困率，减少犯罪与暴力。[8] 经济学家也曾尝试量化教育投资的回报，结果发现从世界范围来看，中等及高等学校教育的社会回报率高于10%（每年）。[9] 还有什么投资能获得如此可靠的高回报率？你如果要证明，相比于现在就把钱捐给你最爱的教育慈善机构，把钱留着自己做投资更合理，就必须非常确定：自己投资的年化回报率更高。慈善组织肯定更希望现在就获得你的捐赠；但是有些慈善组织——特别是基金会及永续型非营利组织——也不会在收到钱后立即投入使用，相反，他们的目标是通过每年"收大于支"来增加资产。例如，美国的基金会在 1999 年募资总额为 900 亿美元，但花出去不到 25 亿美元。因此，有一个分析师得出结论："捐赠者除了关心自己的捐赠会被怎样使用之外，还应该关心它们什么时候才会投入使用。"[10] 我无比赞同这一观点，但是，无论你最爱的慈善组织如何花你的钱，他们越早获得捐赠，这笔钱的价值一定越大。

捐赠趁现在

你已经了解我对花钱时机的重视。我的首要准则是最大化你的人生体验。因此，务必要在活着的时候花钱，无论是花在你自己身上，花在你深爱的人身上，还是捐给慈善组织。接下来，才是找到花钱的最佳时间。

对于父母给子女钱的最佳时间，前面我已经论述过了，是在他们 26—35 岁时。这样既不会因为太晚，而无法对他们的生活产生较大影响；也不会因为太早，导致他们拿到钱也是浪费。至于捐钱给慈善组织，情况又如何呢？就慈善组织而言，没有太早这一说。例如，你早一点捐钱给医学研究，你的钱就能早一点用于疾病防治事业——对医学研究的投资回报的相关研究已经证实了这一点。[11] 每一天都会有新技术出现，改善我们的生活，日积月累终将带来重大改变。但是，你不能只是坐等改变发生，你必须根据自己当下拥有的资源及未来可能拥有的资源，尽己所能地做出贡献。

我的一个朋友曾跟我说他想创业，如果创业成功，他希望把赚到的钱捐给慈善组织，他创业的目标就是为慈善事业做出巨大贡献。你很可能已经猜到我的回答了，我说："你的慈善事业现在就需要你的钱。如果你有钱创业，而你创业的唯一目标就是赚钱做慈善，那么你干脆现在就把钱捐出去，这样对你、对你的慈善事业都更好；就算你以后或许可以捐得更多，也是如此。此刻就有人处于水深火热之中，所以救助应该从此刻开始，而不是等到某个遥远的未来。"

越来越多的慈善家开始践行这一理念，慈善家兼亿万富翁查克·费尼（Chuck Feeney）称之为"生前捐献"（giving while living）。费尼是环球免税集团（Duty Free Shoppers Group, 很多机场免税店隶属该集团）的创始人，积累了大量财富，对于我倡导的理念，他是一个绝佳的榜样：他很早就开始（匿名）捐款，在他80多岁时，他已经捐出80多亿美元的财产。他选择简朴生活，就像法律秘书西尔维娅·布鲁姆一样，但是与布鲁姆不同，他没有等到死后才把钱捐给慈善组织。他现在已年逾80，但是，他和妻子仍住在一间租来的公寓里。他的净资产现在已减少到200万美元左右，依然够他度过余生，但这点钱还不到他多年捐款的零头。

费尼的做法启发了许多富豪，包括比尔·盖茨及沃伦·巴菲特。但是，生前捐献并非富人的专利，这一原则适用于任何身家的人，无论你是几亿身家，还是仅有几百、几千的存款，统统适用。不用太多钱就可以对发展中国家的人民产生显著影响：通过救助儿童会（Save the Children）或怜悯国际（Compassion International）等组织，你每年花不到 500 美元就可以资助一名儿童，助其安全、健康地成长，接受更好的教育，为子孙后代开启一个良性循环。

如果你在金钱方面心有余而力不足，你也可以付出时间。总之请记住，我所说的"死前归零"，不是让你攒钱留到死后做慈善。如果你有意捐赠，就在活着的时候捐，越早越好——慈善事业等不起。

建 议

◎ 思考你希望在多大年纪给子女钱、希望给多少，从同样的角度思考对慈善事业的捐助。与你的配偶或伴侣讨论这些问题。现在就去做！

◎ 务必就这些问题咨询遗产规划师或律师等专家。

6

平衡人生

准则 6 | 不要随波逐流

　　本书开头我讲过老板骂我"脑子进水"的故事。你或许还记得，我 20 多岁时是个"精打细算"的人，尽管薪水微薄，但是能存下钱，我还为此感到自豪。我的老板乔·法雷尔提醒我，我未来将赚更多钱，所以我现在赚钱不花是很愚蠢的行为。这让我觉得醍醐灌顶。

　　乔·法雷尔这个建议其来有自。许多经济学家都认为年轻人花钱理应更加大方，尽管这与我们大多数人成长过程中听到的建议相悖。在我们八九岁时，父母告诉我们生日收到的钱不要全部花完，要存一部分。等我们长大后，财务顾问告诉我们，尽早开始存下部分工资，越早越好。

另一方面，许多经济学家认为，一般来说年轻人省吃俭用不是什么好事。经济学家史蒂芬·列维特（Steven Levitt）因著有《魔鬼经济学》（*Freakonomics*）而声名大噪，他在芝加哥大学评上教授的第一年，一个名叫何塞·施可曼（José Scheinkman）的年长同事建议他"多花点，少存点"；而施可曼本人曾从米尔顿·弗里德曼（Milton Friedman）那里得到同样的建议，弗里德曼是芝加哥大学更富声名的经济学家。列维特记得施可曼跟他说："你的薪水将只增不减，你的赚钱能力将只增不减。"这完美呼应了乔·法雷尔跟我说的话。"因此，你现在不应该存钱，你要借钱。你现在的生活应该跟 10 或 15 年后的生活差不多，难以想象有人会认真省钱、存钱，不过，至少像我这种在中产家庭长大的孩子，是被教导要省钱、存钱的。"[1] 列维特说，这是他这辈子收到的最佳财务建议之一。

乔·法雷尔给了我如出一辙的建议，在我看来，也堪称"最佳"——即使有一段时间我"过犹不及"。乔的话让我大开眼界，了解到一种平衡收支的全新思维方式。我就像一个狂热的皈依者，与乔交谈之后，就像变了一个人。交谈之前，我的生活跟现在那些"FIRE 运动"成员差不多：什么都挑便宜的，每一分钱都精打细算，为了未来尽可能多存钱。然后乔的话让我 180 度大转弯，我瞬间从一个 FIRE 作风的人转变为一个花钱如流水的人。在接下来几年里，我的收入如乔所说持续增加，我的支出也跟着持续增加。

那些年我收获了很多快乐，但不幸的是，我无法想到哪怕一项带来很多回忆红利的体验，原因是我失去了理智，为了花钱而花钱，而不是选择性花钱。例如，我曾购买一套声音保真度高出我耳朵感知能力的立体声系统，我会去非常昂贵的餐厅，可这些餐厅跟我以前去的餐厅其实区别不大。任何东西我基本上都是选更贵的，而不是选最物有所值的。我实际上是从不走心地存钱变成了不走心地花钱。

我这样花钱也破坏了我的未来。我不仅花光了我所有可自由支配的收入，还大量动用了应急储蓄。万一我失业怎么办？除了失业保险，我就没有别的倚靠了，手上的钱甚至不到我一个月的工资。

我依然坚信人趁着年轻易恢复的时候，要去冒险。不过必须有一个前提：冒险能带来正面结果，也就是让冒险"物有所值"。一定要是这种冒险-回报模式。打个比方，如果我计划的尼泊尔之旅是不可能再来一次的旅程，因为未来我要担负起为人父等诸多责任，那么这个险就值得冒。为了这种一生只有一次的体验，别说花光所有的钱，就算负债也在所不惜（就像我朋友杰森借钱去欧洲背包旅行）。在我看来，这样花钱自然不是"打水漂"，但我当初的花钱方式与此完全不同：我冒的险与我的收获不成比例。

那我过犹不及的原因是什么呢？是为了避免此前克扣自己

时的愚蠢。可最后，变成另一种愚蠢。我了解并实践乔的智慧后，用一种错误代替了另一种错误：之前是太节俭，之后又过于浪费。关于乔的建议，其精髓不是赚多少就花多少，并把赌注押在未来会越来越好上，而是在在当下花钱（并且只花在你看重的事情上）与明智地为未来存钱之间取得合适的平衡。

为什么简单的平衡法则并非人人适用？

我还发现，这一平衡会随着你的人生不断变动，这也与大多数的个人财务建议大大相悖。例如，有些财务专家会建议你存下每个月收入或每笔工资的"10% 或以上"。别的专家会建议其他比例，例如 20%，但是他们同样建议你每周、每月或每笔工资都要按比例存，也不管你多大年纪、财务状况如何。

20% 这个比例来自一个广为流行的预算公式，即"50-30-20 法则"。[2] 该法则由伊丽莎白·沃伦（Elizabeth Warren）提出。是的，就是你知道的那个伊丽莎白·沃伦。她在进入政界之前曾是法学教授，专精破产法，还与人合著过几本关于中产阶级美国人为何破产及如何避免破产的书籍。她将"50-30-20 法则"称作"平衡财务公式"，是一种维持财务稳定的方法。

根据这一法则，50% 的收入应该用于"必需支出"（例如房租、食物、日用品、水电费等），30% 用于个人需求（例如旅行、娱乐、外出就餐等），剩下 20% 用于储蓄和还债。这似乎是一种很棒（也很简单）的避免破产的方法；对那些不能很好控制自己支出的人来说，尤其如此。它确实很受欢迎，但是，如果你不甘心止步于财务稳定，也就是说，如果你跟我有同样的目标——在不破产的前提下最大化人生充实感，那么你就需要以一种更加细致的方式思考"平衡"。我的看法是，绝对没有一个适用于所有人的支出与储蓄比率；更重要的是，你22岁的存款百分比绝对不应和你42岁或52岁时的相同。最佳平衡因人而异，也会随着你年龄及收入的改变而发生变动。本章将提供几种方法，帮你找到并维持独属于你的最佳平衡。

为何"支出-储蓄"平衡持续变动？

"50-30-20法则"及其他简单的公式都建议恒定不变的支出与储蓄比率。例如，"50-30-20法则"就是存下20%的收入，支出与储蓄比率为80：20。如果将必需支出拿掉，仅余下需求支出（差不多就是我所谓的"体验"），那么支出与储蓄比率变为30：20。为什么我说这样的平衡不可能一辈子适用呢？因为这不是你生命能量的最佳分配方式。如果你认同乔·法雷尔及史蒂芬·列维特的说法，那你应该已经知晓其中部分原因：在你尚且年轻并且有充分理由认为接下来几年收入会增加时，将20%的收入存下来就属于不甚明智了。

实际上，就像列维特说的，如果你未来很可能赚得更多，那么现在就算借钱也合理（支出大于你目前的收入）。

这里我要澄清一下：我说年轻时借钱合理，**不是**说你应该累积卡债，这样的高息贷款几乎对所有人来说都不是好事。借钱要适度且负责任。当你的收入在接下来很长时间会持续增加时，你将当下收入的20%用作储蓄真的说不通。这意味着你放弃本可以拥有的难忘人生体验，也意味着你现在工作赚的钱，都交给了未来更富有的自己。可以肯定，这并不是在善用你的生命能量。

假设你认同80∶20对很多年轻的打工人来说并非最佳平衡，那对于年长的打工人呢？显然，到了某个时间，你就要开始为退休存钱，因为退休后你的收入将微乎其微，甚至完全没有收入。而且，你不仅要为了退休存钱；几乎对所有人而言，在人生到达某个阶段后，都会进入一个收入停滞期，或者支出变多，抑或两者同时发生。毋庸置疑，为应对所有这些可能发生的情况，你都需要从某个时间开始存钱。到了需要存钱的时候，你既不愿存太多（因为你不愿放弃一旦错过就无法再拥有的体验），也不能存太少（因为这会亏待未来的你）。你希望存款金额尽可能接近完美：在享受现在与保障美好未来之间取得最佳平衡。

但是，即使你到了一定年龄，该存钱了，也**不会**有一个"神奇数字"，一个恒定不变的最佳存钱比例，能让你在退休之前都维持平衡状态。要了解其中原因，你需要彻底理解我前面说过的一个概念：一个人"享受金钱"的能力随年龄的增长而下降。此话怎讲？想想那些弥留之际卧床不起的人，你就非常清楚了。他们已虚弱到难以动弹，可能要插管喂食及使用便盆才能满足最基本的需求；他们躺在床上除了回忆往事，别的什么也干不了。就算给他们一架可以满世界飞的私人飞机，他们也哪儿都去不了。无论他们的存款有100万还是10亿，都无法真正给他们的人生带来更多快乐。不得不承认，用这种方式审视人的临终时刻确实有些残忍，但它可以清楚地揭示事实。人生到了这个阶段，"享受金钱"的能力之低，仅能"超越"躺在太平间或坟墓里的人。

那么，这与40岁或其他年纪的健康人有什么关系呢？息息相关！我常常想象临终卧床的场景，因为我们每个人都难逃死亡，这对我们日常生活来说意义重大。我们可能都听过一个假设性的问题："如果生命只剩一天，你会做些什么？"在你回答之后，问话的人通常会反问一句："这些事你何不现在就去做？"显然，你的生命不太可能只剩一天，把假设当真会显得有点蠢。一般来说，死亡时间会影响一个人的行为。

我前面提到过，如果你知道自己明天就会过世，你的人生就只剩今天了，而如果你知道自己后天才过世，那你度过今天的方式都会稍有不同，因为于后者而言，你还有一个明天可活。同理，你生命还剩三天、四天，或者还剩两万天，你选择度过今天的方式都会有所不同：生命尽头离得越远，在活在当下与计划未来之间的取舍就越是不同。因此，如果你每次只倒推一天或一年，从临终卧床，回到坐在轮椅之上，再回到刚退休那会儿，你应该能发现，自己每个阶段想要的生活方式至少都略有不同。在"只剩数天"的尺度上思考这个问题，就比较容易想清楚，因为差异明显。但是，如果在"几千天"——也就是数年或数十年——的尺度上看这个问题，人们多半会将上述逻辑完全抛诸脑后——两万天可能等于永远。可显而易见的是，没人可以永生，我们需要牢记这一点，这样才能以最优方式利用我们的时间，不会掉入"随波逐流"的陷阱。

旅行是一个很好的例子，对我来说，旅行是衡量一个人金钱享受能力的终极标准，因为旅行要花钱、花时间，尤其要有好的身体。许多80岁的老人不能经常旅行，也不能离家太远，因为他们的身体不允许。但是，就算你身体并非衰弱不堪，你可能也不愿忍受旅途中的舟车劳顿。你身体越差，越是无法忍受长时间飞行、转机、不规则的睡眠及其他与旅行相关的压力。一项关于旅行限制的研究不仅证实了上述判断，还得到了其他一些结论，即所谓"旅行限制"，即阻碍人们去往某个目的地的因素。一些研究者面向不同年龄的群体调查了这个问题，结果发现：60岁以下的人群受时间和金钱限制最大，75岁及以上的人群受身体状况限制最大。换句话说，当时间和金钱不成问题之后，身体又成了问题。不过，真实的情形并非一个人到了某个年纪后，就突然开始出现阻碍其旅行的身体问题。"随着年龄增长，身体状况愈发成为一种限制，"研究人员总结称，"而且对于那些最年长的受访者来说，身体状况是主要的限制。"[3]

一个残忍的事实是，你的身体将在你20岁上下的高峰年龄之后持续衰退，有时候会突然变差，但通常是在不知不觉中逐渐衰退。我年轻时喜欢运动，特别是橄榄球。我现在仍然喜欢橄榄球，但是我已经50岁了，就算我身体健康，也不可能像20岁时那般享受橄榄球了——我跑得慢了，更容易受伤了。当你害怕撕裂肩袖或弄伤膝盖时，橄榄球的乐趣就减少了。跟我同龄的朋友都认为到了某个年纪，回忆曾经踢球的经历要比真正去踢球快乐得多。

这适用于所有体育活动。上周，我打网球时注意到我的膝盖似乎受伤了，然后就没打了，20年前不可能发生这种事。我的朋友格雷格现在身体很健康（就他的年纪来说），他很爱滑雪，最近还去雪场连滑了7天。在他22岁时，这种事完全不在话下；但是这次滑完后，他浑身都疼，他意识到对现在的自己来说，连滑7天已经不那么轻松了。

身体衰退导致的愉悦感降低，也实打实影响你花钱的效用，滑雪就是很好的例子。比如，一个上了年纪的滑雪爱好者想要继续享受这项运动，于是在滑雪间隙更频繁地休息，或者滑完一趟后休息得更久一点。这是个很好的办法，但是并不意味着，他现在获得的体验能跟他年轻力壮时相提并论：以前他一天能在雪道上酣畅淋漓地滑 20 趟，现在只能滑 15 趟，他滑一天花的钱还是那么多，可是带来乐趣只有以前的 75%。

我的朋友格雷格身体会复原，以后还能再去滑雪，但因为滑雪量会减少，滑雪的乐趣也会跟着减少，最终将完全不能滑了。

我随时随地都会被提醒这样的现实，因为我的许多朋友都注意到类似的身体限制不知不觉就发生了。下面我要讲一个特别戏剧化的例子。在英属维尔京群岛的约斯特·范·代克岛海滩上，有一个很棒的酒吧，名叫"湿钱酒吧"（Soggy Dollar Bar），之所以叫这个名字，是因为海滩没有码头，所以人们都把船停在离岸稍远的地方，然后游泳去酒吧，点了他们的招牌止痛药鸡尾酒后只能用打湿的钱结账。有些人更喜欢趴在水下推进器（Seabob）上游过去，这也不是不可以，不过，如果你喜欢游泳，就能拥有完整的"湿钱"体验。

话说，我女友的祖父克里斯（当时 69 岁）去那里游玩时，就希望体验一把"湿钱"。他以前做过游泳教练，因此急着下水，于是我和他一起跳进水里。游到岸边并不远，大约 30 米就到了，但是游了大约 20 米后，我听到克里斯喊道："还有多远？"我喊话让他站起来（水不深），但是他没有听到我的喊声。当我去到他身边时，他已经无法控制自己的呼吸！我立刻想到心肺复苏，还想到万一他身体状况急剧恶化，我们能不能找到除颤仪。幸运的是，事情没有发展到那个地步，克里斯开始好转，15 分钟后，他的呼吸和心跳都恢复正常，最后我俩成功用"湿钱"享用了酒吧的止痛药鸡尾酒。虚惊一场！

包括克里斯在内的许多人对自己的光辉岁月念念不忘，对身体的变化却浑然不觉，就拿克里斯来说，他已游不了 30 码（约 27 米）。我们许多人都存在这种心智与现实的脱节，它会给人一种错觉，仿佛退休后还能拥有无尽的"活力之年"，可以一直按自己的喜好想做什么就做什么。

看到这里，你可能会说："对许多人来说也许是这样，但是我现在比 20 年前身体更好！"好吧，这句话在我看来只透露了一个信息：你以前没有好好照顾自己；否则，你 20 年前身体绝对会更好。在其他条件都相同的情况下，20 岁的人会比 40 岁的人更健康、更强壮，55 岁的比 75 岁的更健康、更强壮。这是生命的客观事实，下面我将给出一些医学研究证据。

人体不同系统的衰退速度不同，但无一例外都会衰退。例如，医学研究人员曾追踪人体骨密度及肌肉量随时间变化的情况，分别得到了多组不同的数据。他们做了复杂的比较，发现不同人群之间存在巨大差异，例如白人女性髋部的骨密度比黑人女性的低，她们的髋部骨密度又都比黑人男性的低，但是所有群体骨密度都随时间的推移而降低。

研究人员还追踪了眼睛健康（视功能）的各项指标，例如对比敏感度、视网膜厚度及视敏度等。随着年龄增长，肺功能、心脏机能、认知功能及嗅觉等都各有其衰退的轨迹，因此有许多不同的健康曲线，它们或多或少存在一些差异：有些是稳步衰退，接近线性轨迹；有些曲线更加弯曲，即衰退速度加快。同样地，抛开群体差异不谈，有些人从一开始就比其他人更健康，有些人则更善于保养身体，因此，整体趋势比单一曲线更能说明问题。但是无论你看何种健康数据，无论你合并多少曲线，80岁的人身体状况就是比25岁的人差很多。

一定程度上，身体的衰退速度取决于你自己，你保养得越好，衰退速度就越慢。例如，不吸烟的人肺功能曲线就比吸烟者平缓得多。你这一年身体越健康，就越是能享受这一年的体验。也就是说，你身体确实会衰退，但是你可以自己控制衰退轨迹！这是一件好事，因为你身体保养得越好，你人生的充实感分数就会越高。但是，请不要自欺欺人：无论你多么注重保养，65岁的你都不可能比25岁的你更健康——前提是你25岁时拥有这个年纪该有的健康状况。

就我个人来说，我在决定要做什么及何时去做时，会变得更加小心翼翼。前些天，我和朋友租了一艘船，我考虑要不要去玩类似水上单板滑的尾波滑水。我问自己：50岁了，身体还允许我去玩吗？应该还可以。那7年后呢？肯定不行了。也就是说，我要么现在去玩，要么就永远玩不成了，因此我下定决心去玩。我不希望到了生命尽头我已失去健康，才意识到有些事想做却已经做不了，后悔没有早一点体验。

你享受人生体验的能力取决于你的身体状况，但是钱也很重要，因为许多体验都要花钱，所以你最好在身体允许的时候花钱。

总结就是，太多人仍以为自己是二十多岁的年轻人，即使真实年龄已经五六十岁，甚至已年过七旬。尽管"心态年轻"值得钦佩，但是对自己身体及其衰老程度持有更现实、更客观的态度也是必要的。你必须留意并知晓自己的生理限制，以及随着你年纪越来越大，它们是如何稳步夺过主导权的，而无论你喜欢与否。

我最开始思考这些问题，是在那次送给外婆 1 万美元之后发现她没处可用时：她当时真正想买的只有一件毛衣，还是给我买的。我开始注意到其他年长的亲戚也是这样，然后我心想：**他们都是我的长辈，所以，我到了某个年纪很可能也会变成他们那样**。后来我发现，**每个人最终都会变成那个样子**。随着年龄增长，人的身体将衰退，兴趣将逐渐变少，就跟性欲下降一样。[4] 创造力通常也会衰减。当你年老体衰之后，无论你还有什么兴趣、有多大兴趣，你基本上就只能坐在那里吃木薯布丁了。此时，钱对你来说都成了废纸，因为你需要或想要的就只是躺在床上看《危险边缘》（*Jeopardy*，一档知识竞赛类电视节目）。我的结论是，钱的效用会随着年龄的增长而降低。

我还很明确地知道，钱的效用并不是从你出生时就开始降低。婴儿几乎无法享受金钱。养小孩确实很花钱，但是花钱并不能让他们获得太多快乐，婴儿最大的快乐恐怕都来自母亲和婴儿床。从某种意义上来说，金钱给婴儿及老人带来的效用非常相似：在生命的起点与终点，钱几乎都毫无价值。

那么起点和终点之间的情况如何？我在 20 多岁时，总能找到需要花钱的新鲜事物。金钱在你 20 多岁时效用很大。所以，审视婴儿、20 多岁的年轻人及老年人这三个节点可以发现，这里面**必然有一条曲线**。换句话说，如果用横轴表示年龄，纵轴表示享受金钱买来的人生体验的能力，就可以得到一条享受能力随年龄变化的曲线。可以这样来思考：如果每年都给你同等数目的钱（例如 10 万美元），那你在人生某些阶段获得的享受将比在其他阶段多得多。钱的效用随时间发生变化，其趋势基本上可以预见：从 20 多岁的某个时间开始，你的身体微不可察地开始衰退，这导致你享受金钱的能力也跟着下降。

图 5　基于身体状况的享受能力

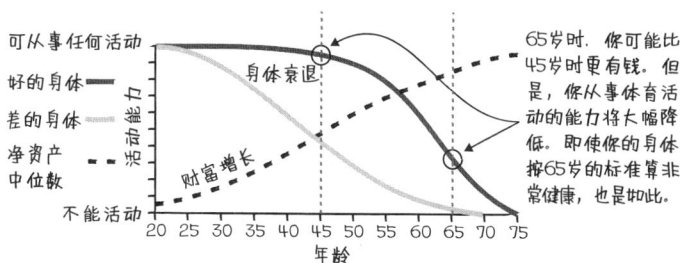

所有人的身体都会随年龄的增长而变差，而财富多半会增长，因为人们的存款会越来越多。但是，每况愈下的身体会逐渐限制你享受财富的能力，因为你无法消受的体育活动将越来越多，无论你在上面花多少钱都是如此

上述思想对于实践的指导意义显而易见：如果你在某些年龄享受人生体验的能力更强，那么你在这些年龄花更多钱就理所当然。因为相比于80多岁，10万美元在你50多岁时价值更大，而你的目标是让财富及人生都能"物尽其用"。因此，至少让80多岁的你匀一点钱给50多岁的你使用，这才符合你的最佳利益；同理，也应该挪一点给20多岁、30多岁及40多岁时的你使用。执行此类自主财务转移，最终能得到一个将金钱效用变化考虑在内的人生支出计划。

每当你转移**支出**时，必然也要转移**储蓄**。例如，不同于在工作阶段一以贯之地存下20%的收入，部分人在20岁出头时几乎不存钱反而更好（我们前面已经讨论过了）。然后在接近30岁以及30多岁时，由于收入开始增加，可以逐渐增加存款比例。到了40多岁，存款比例应该超过20%，之后再放慢存款速度，最终支出大于收入（我将在第7章进行解释）。

请注意，我这里说的是"部分人"，因为每个人的情况有所不同。例如，有些人最爱的活动只是散步，不用花多少钱；还有些人最爱的活动对身体状况要求不高。你的存款比例还取决于你每年的收入增长速度、你住在哪里，以及你的存款增速。因为存在有这些变量以及它们的各种组合，所以不存在所谓的通用法则。

结论就是，在某些年纪花更多钱理所当然，因此，根据年龄相应地调整支出与储蓄平衡也是理所当然的。

真正的黄金年华

跟许多勤勉努力的蚂蚁一样，我们都曾被告知：我们需要为我们的黄金退休年华存钱。但讽刺的是，真正的黄金年华，即因拥有最佳身体状况、最多财富而可能获得最多快乐的时期，多半是在传统的 65 岁退休年龄**之前**。而且，我们的大部分支出都应该集中在真正的黄金年华，而不是延迟满足。

太多人走上歧途：一直投资未来，直到远远超过一个时间点，导致这些投资绝对不会增加他们人生的总体充实感。他们为什么如此"坚持"？我认为多半只是惯性地延续以往行之有效的模式（用我的话说，就是"随波逐流"）。有时候现在就花钱更好，有时候最好存钱（并投资），因为未来可能获得更好的体验。

举个极端的例子就一目了然了：如果你只顾着赚钱，且一分钱不花，显然，你的充实感将极小。如果你现在把所有钱花光，那就是不留一分钱给未来。我认为《蚂蚁和蚱蜢》的寓意是，工作（储蓄）与玩乐不可偏废，最优解人生需要同时规划生存与尽兴活着。蚱蜢太注重尽兴活着与享受当下，忘了维持生存，最终生命极为短暂；蚂蚁也犯了一个大错误：由于他辛勤工作，还能再活一年，但是他一心只想着生存，因此无法享受夏天，无法活得尽兴。两个极端都无法实现人生充实感的最大化。

但是知易行难，任何时候都难以抉择，找到储蓄与支出的最佳平衡绝非易事。如果你几十年来一直尽职尽责地存钱、投资，那将很难停下来——假设你尚且知道自己要停下来。

那么，我们要怎么做？要如何实现更平衡的人生？我给出了思考这个问题的几种方式。因每个人都有各自的思维方式，故而有所共鸣的方式也将各有不同。

一生的功课：平衡健康、财富与时间

要想拥有极致人生，人们需要三种基本要素：健康、自由时间以及财富，可问题在于它们很难同时兼得。年轻人很可能拥有非常健康的身体和大量的自由时间，但是他们通常没有很多财富。六七十岁退休后，又来到另一个极端：拥有大量时间（并且通常比年轻人更富有），但不幸的是身体变差了，比起年轻人，他们享受时间与财富的能力降低了。

那么这两个极端之间的情况如何？我将这段时期视作真正的黄金年华，因为这一时期通常很好地结合了健康与财富。例如，35岁的人依然足够健康，25岁能做的事此时大部分还能做，但收入通常增加了很多；40岁（甚至再大一点，如50岁）时，身体状况通常比30岁时稍差，但是依然很不错，一般情况下，收入也比25岁或35岁时更高。因此，年纪不上不下的中年人面临一个问题：时间捉襟见肘——如果有小孩就更是如此。时间不够成为他们获得正面人生体验的最大阻碍。并不是说孩子不能带来正面人生体验（他们不仅可以，数量还不少），而是说父母的时间都被换尿布、开车送孩子去学这学那及照顾一大家子人占用，留给其他体验的时间就少了。就算没有小孩，但是比起 20 多岁，你要花更多时间工作赚钱，那也是殊途同归。

　　为了在任何年纪都获得最多的正面人生体验，你的人生必须有所取舍，这要求你用丰富的资源换取稀缺资源。

图6　健康、财富及自由时间的平衡变迁

每个年龄都拥有不同的健康、财富及自由时间的平衡状态。充实人生要求三者的数量合理搭配，因此建议用丰富的资源（例如财富）换取另外两种（例如花钱买健康或自由时间）

　　各年龄段的人都在一定程度上做了取舍，尽管我认为他们通常没有把握好度。具体来说，年轻人用大把时间换钱，有时候会做过头——他们应该比大多数人更加珍惜自己的自由时间；老年人花很多钱来改善自己的健康，或者至少是对抗疾病；中年人有时候用钱换时间，他们越有钱，越应该花更多钱购买时间。

工薪阶层大部分人过于关注赚钱。接下来我将解释为何关注健康与自由时间能获得更多的个人充实感。

为何你的健康比金钱更宝贵？

　　没有什么比健康更能影响你享受体验的能力，在任何年龄都是如此。健康实际上比金钱宝贵得多，因为身体很差的话，无论多少钱都无法弥补，而身体好但没钱的人，依然可以拥有许多美妙的体验。

　　这不仅仅适用于身体极差的极端情况，就算体重严重超标也会妨碍你享受生活，单单是超标体重额外施加给膝盖的压力就够你受的了。我猜大家都认识这样的人：因为膝盖不好或肌肉无力，又或者仅仅是对自己的身体感到不自在，就与许多深受身边人喜欢的体验无缘了，例如徒步、高空滑索、在阳光明媚的海滩开心玩水等。还有可能，他们和其他人一起去徒步，结果不一会就气喘吁吁，本来是很好玩的活动，他们却难以体会到一丁点快乐。可是，他们中的一些人以前甚至可能是运动健将，只因为后来不再锻炼，便持续堆积热量，最后体重超标三五十磅，这种事一不小心就发生了。对于因工作消耗了大部分时间和生命能量、需要整天坐在电脑前的人来说，尤其如此。最后结局如何？当这份劳心费力的工作终于给你带来经济上的成功时，你还拥有享受这一成功的关键要素（健康）吗？

医疗人员比我们大多数人更理解这个问题，只因为他们看过许多饱受痛苦的病人。但是，即使医疗人员也难免忽视自己的健康。下面我将讲一个有圆满结局的例子。史蒂芬·斯特恩是马萨诸塞州的脊椎指压治疗师，几十年来一直为疼痛的病人提供治疗，却让自己的体重上上下下，他还因为几十年来的体重困扰成了"名人"。他曾通过锻炼减掉一些重量，然后又停止锻炼，体重彻底反弹，完全失去曾努力追求的健康。[5]

在 59 岁时，斯特恩终于意识到不能再这样下去，他不希望重蹈自己那些不太走运的病人的命运。一篇文章这样描述他当时的感想："他看过一些跟他同龄以及比他年轻的病人无法继续自己的爱好，不是因为受伤或疾病，往往只是不注意保养身体。他知道人生到了这个阶段，失去的体能往往就一去不复返了。"

斯特恩下定决心，在 60 岁之前重拾健康。这一次，他采取了比以往更加循序渐进的方法，他的身体已经无法承受年轻时那种高强度的训练计划，但是，他依然可以通过步行和健美体操恢复健康的身材。这种缓慢但稳健的方法奏效了：膝盖疼痛消失了；在他 66 岁时，他发现自己能够做出一些同时需要力量与平衡的厉害动作，例如屈膝手倒立。努力改善健康给他带来了丰厚的回报，除了让他重获自信与体能，还有许多愉悦的体验，例如和女儿一起爬山。如果不是当初的决定，这些都不可能实现。尽管他现在可以做大多数 30 岁的人做不了的事，但是他知道自己绝无可能再像30岁时那样健康。实际上，他只是达成了他那个年纪的最佳身体状态。"我年纪大了，只能像老年人那样行动！"

此类故事发人深省，我们都希望听到"永远不会太迟"的故事，但是，这不是我讲史蒂芬·斯特恩故事的原因。现实是，有时候真的会太迟，无法挽回几十年的忽视与滥用，斯特恩就懂这个道理。即使不算太晚，越早开始投资健康总是越好的。我真正想说明的是，无论在哪个年龄，好的身体都将全面提升你的生活品质，让你更能享受每一次的体验。

在我们的三角模型（即单一体验获得的充实感是健康、财富及自由时间的函数）里，健康是影响人生充实曲线的单一最大因子（或乘数）。我们的模拟显示，在人生某个节点，即使身体出现一个微小的永久性衰退，最终都将导致其人生充实感得分大幅降低。

何以如此？为什么健康对人生充实感的影响大于自由时间与金钱？在调整健康输入值后，你身体的衰退速度也会跟着调整。你身体衰退的速度取决于你现在的健康状况。如果你现在偏离最佳健康状态的程度是2%，那么10年或15年后，你可能偏离20%。基本上来说，身体不好会产生复合效应。我不是医生，但是，下面我将用一个例子来说明我对其原理的理解，以及健康如何影响对体验的享受。

假设你现在超重10磅，这看上去也还好，但是每超重

1 磅就意味着膝盖额外承受 4 磅的力，超重 10 磅就相当于膝盖要承受 40 磅本不应该承受的力。随着时间流逝，膝盖软骨自然会退化并撕裂，也许骨头还将开始相互摩擦。你天然的"减震器"已经磨损，随便多走几步路就会疼痛不堪，几乎无法跑步。这将导致继续增重及其他相关的问题，因此，膝关节置换手术成为美国数量增速最快的手术之一也就不足为奇了，这密切反映了肥胖人口的增长。总之，看上去无关紧要的 10 磅增量事关重大，因为它可以演变为严重的健康问题，让你不再能享受与步行有关的活动。

我前面说过，行动即生命，当行动变得痛苦或受到限制时，你的体验将大幅减少。在我们最终死亡之前，衰退的路径有很多种。我们都希望生前始终拥有最佳的身体机能，但是，由于我们未能善待自己的身体，许多人年纪轻轻就出现巨大的指数级衰退，导致体能变差、快乐减少。据传爱因斯坦曾说复利是宇宙中最强大的力量。身体的微小改变可以导致一个**负面**的"复合物"，会对你的人生充实感及体验积分产生巨大影响。

不过，积极的一面是，哪怕你现在只是拿出一点点努力改善健康（即使只改善 1% 并且避免负面的复合效应），你就能大幅增加自己的体验积分。

这很容易得到一个推论，你肯定也听过：无论多大年龄的人都应该投入更多时间与金钱在自己的健康上。老年人在健康方面的支出大于其他任何年龄段的人，他们的医疗支出旨在治疗退行性疾病、管理疼痛及延长生命。但是，早一点投资健康实际上能让人生更加充实。合理饮食及锻炼肌肉等预防性做法有助于尽可能持久地维持良好的身体状态，还可以让每项体验更加愉悦。我说的不仅仅是 70 多岁还能滑雪而不是只能玩沙狐球，或者是还能打网球而非匹克球，远不止此。当你身体健康，体重不超标，不会伤及脆弱的骨头及肌肉，那么，就算简单的日常活动，例如上下楼梯、从椅子上起身或者在超市购物后拎袋子都将更轻松、更愉悦。试想一下：当你某一天的行程是观光游览、单板滑雪或陪小孩玩耍时，你可以坚持多久不觉得累，这将显著影响你这一天能获得多少快乐。未来的日子里你可能还会反复经历此类体验，你可以再试着联想一下。

　　这就是我喜欢拿健康目标做赌约的原因，这些赌约包括某个人不能跑马拉松、体重不能减到多少磅等等，我下注的金额高到离谱。我跟人打了太多这样的赌，多到已经数不清了，我觉得这真的很棒，因为帮助他人实现改变人生的大目标，其价值远超过赌注。最近我最得意（尽管我是输家）的一个赌约是和两个年轻的扑克圈朋友约定的，他们是两兄弟，分别叫杰米·斯台普斯（Jaime Staples）和马特·斯台普斯（Matt Staples）。打赌之前，杰米很胖，并且坦承以前曾多次尝试减肥；马特则有点过瘦，因此希望增肌。为了激励他们实现目标，我和他们打了一个赌：如果一年内他俩达成相同体重（严格来说，两人体重相差 1 磅以内），就可以从我这里拿到一大笔钱。

最终他们发生了"脱胎换骨"的改变：杰米减掉了 100 多磅，马特增重了 50 多磅，其中很大一部分是肌肉。大家可以在网上找到他们的前后对比照。[6] 很显然，他们很高兴赢了赌约，对自己的成就无比自豪。可是，即使他们因未能达标而输了，改善健康带来的收益也能抵消他们的金钱损失（只有我赌注的五十分之一，因为我设定的赔率是 50∶1），尤其是他们还如此年轻，更加不亏。因为达成了健康目标，未来很多年他们都将享受到更大的充实感。好的身体不仅可以给你一个更好的退休生活，而且投资健康就是投资此后的每一项体验！

不要让你的时间贬值

还有一个大好机会可以让生活更加平衡，即用金钱换取自由时间，这一做法通常对钱比时间多的中年人影响最大。最经典的例子是洗衣服。每周洗衣服要花费大量时间，大部分人都很讨厌这项家务，可是在许多地方，不用花很多钱就可以请外部的专业服务完成。

下面我展开说一下。假设你工作一小时净赚 40 美元；再假设你每周要花 2 小时洗衣服，原因是你洗得慢而且效率不高。可是，专业的洗衣店设备更好，全天候不停洗衣，肯定比你的效率更高，即使只收你 50 美元或不到 50 美元，他们也有钱可赚。那么，每周花 50 美元，洗衣店会上门取走你一周的脏衣服，过几天再将洗得干干净净、叠得整整齐齐的衣服送到你家，这个钱花得值吗？绝对值，因为你的每小时值 40 美元，两小时就值 80 美元。就算这两个小时你不是用来赚钱也是如此，你可以陪孩子去公园，或者阅读一本书，或者约一个朋友午餐，又或者是做任何比洗衣服更愉悦的事情。

洗衣服这个例子背后的逻辑适用于任何烦人的家务活，例如打扫卫生。对我来说，"外包"向来就是理所当然的选择，我甚至在 20 多岁，收入还很低时就开始使用"外包"服务了。当时，周六早上我都会去中央公园玩轮滑，去莎拉贝思餐厅，吃早午餐，而不是打扫我的公寓。谢天谢地我花了这笔钱，因为当时无数快乐的周末时光让我拥有了一生的回忆。

你的钱越多，就越应该使用这一策略，因为比起钱，你的时间更加稀有、更加有限。我一直在用钱换回时间，我的一天再怎么样都不会超过 24 个小时，但是，我可以尽最大努力、尽可能多地解放有限的时间。

这不止是我的个人经验或经济理论，心理学研究也站在我这一边：花钱节省时间的人，无论收入多少，其生活满意度都更高。[7] 换句话说，不一定非得是富人才能享受花钱解放时间的好处。有研究人员做过一项田野实验，给一些成年工作者发钱，让他们把钱花在节省时间方面（还有另一组成年工作者，发给同等数量的钱，但是他们的钱要花在物质消费上），由此研究人员可以解释为何花钱节省时间的人更快乐。他们发现：使用节省时间的服务能减少时间压力，减少时间压力又能改善当天的心情。这种日复一日的情绪提升就能提高总体的生活满意度。

这个解释很合理，但是我认为，满意度提高的原因不仅仅只是时间压力得到缓解。我的看法是，如果你花钱摆脱自己不喜欢的任务，你就同时减少了负面人生体验的数量、增加了正面人生体验的数量（因为你腾出了更多时间）。如此一来，人生的快乐怎么可能不增加呢？

你可能会后悔曾经没有把握好平衡。例如，假设你现在是 35 岁或者 40 岁，当你在 20 多岁时，你把所有时间都用来赚钱，因此错失了许多美好的体验。尽管那些时光一去不返，但是，你现在可以试着让人生重获平衡。为此，你要趁着自己现在身体还可以，集中精力获得更多体验，相对于那些与你同龄、但**不曾**花那么多时间赚钱的人来说，你现在就得花更多钱。每时每刻都应该有一个与之匹配的最佳体验。

你的个人利率

知道我是怎么跟人解释"享受金钱的能力随年龄下降"这个观点的吗？该观点的推论是，若有人想出钱让你推迟某项体验，那么你年纪越大，对方就必须支付越多的钱。我将他们应该支付给你的金额称作"**个人利率**"，个人利率随你的年龄上涨。对于熟悉利率及货币时间价值的金融从业者来说，这个概念能立刻获得认同。接下来我会做出解释。

假设你现在 20 岁，这个年纪，某个体验你等个一两年再去实现也等得起，因为一般来说，之后你还是能获得相同的体验。因此，你的个人利率较低，别人不用付你太多钱就可以让你同意推迟该体验。举个例子，假设你这个夏天想去墨西哥旅游，但是你老板跟你说："这个夏天我们少了你不行，我知道你想去墨西哥旅游，但是，你能不能明年夏天再去？我可以补偿你这趟旅游费用的百分之多少。"好吧，这个条件倒是很有趣。所以，对你来说，百分之几你会同意呢？ 10% ？ 25% ？

现在假设你已 80 高龄，这个时候，延迟一项体验的成本就高得多了，所以你的百分比肯定要比 20 岁的时候高很多。就算有人给你旅游费用的一半，你也未必同意延迟——你 80 岁时的个人利率可能高出 50%，甚至可能比 100% 还高。

如果你已病得奄奄一息了，又是什么情况呢？一旦你知道自己生命只剩不到一年，你的个人利率就"爆表"了——就算有人出再多钱，也不可能让你延迟一项宝贵的体验。

也就是说你的个人利率随年龄增长，但不幸的是我们的行为常常违背这一原则。不过，如果你认可个人利率这一概念，那么当你想要购买一项体验时，运用这个原则可帮你决定是现在就花钱购买还是把钱留着日后再买，即哪个更划算。

你更想要什么？

如果你不认可个人利率，那可以从简单的"体验加倍"角度来思考。有一个著名的"棉花糖测试"就是这个原理，该测试由斯坦福大学的心理学家沃尔特·米歇尔（Walter Mischel）在20世纪60年代设计，用于测试学龄前儿童。你宁愿要现在的一颗棉花糖，还是15分钟之后的两颗棉花糖？许多3岁儿童可能会说他们宁愿要15分钟之后的两颗棉花糖，但是一旦当棉花糖就在他们眼前，许多小孩就等不了了。通常成年人拥有更强的延迟满足能力，不过往往因为延迟太久，反而适得其反。实际上，他们既没选择现在的一颗棉花糖，也没选择15分钟后的两颗棉花糖，而是选了10年后的一颗半棉花糖！

这样来表述延迟满足问题，似乎将容易犯的错误说得很清楚了。所以要如何将这个逻辑用于消费决定呢？当你面临一个选择，例如在决定要不要下次放假去旅行，还是将钱省下来等到以后再去时，可以问自己一个问题：**我更愿意现在去旅行一趟，还是 *x* 年后去旅行两趟？**下面是确定 *x* 数值的方法。当你拥有一些可自由支配的收入，无论是10美元、100美元、1,000美元或者更多，你就拥有了选择。你可以现在就花掉，或者留着以后用。如果你留着以后用，那么这笔钱就有增值的可能。因为，除非你把钱藏在自家床垫下，否则你都会以某种承诺回报率高于通货膨胀率的方式进行投资（例如买股票）。这种经通货膨胀调整的利率称作"实际利率"。

投资增值的时间越长，你最后得到的钱就越多，所以数年后，你的本金（比如100美元）可能翻倍（变为200美元），甚至三倍（变为300美元）。实际利率有高有低，我们就以8%的年度增长率（略高于经通货膨胀调整后的股票市场平均回报率）来算[8]。按照这个增长率，你的100美元5年后将变成147美元，10年后就是216美元，你现在想花钱购买的体验，到时候就算购买两次，钱都绰绰有余。

但问题在于你现在就可以获得的体验，你要等待9到10年去体验两次吗？这完全取决于你，而你的答案很大程度上应该取决于那是什么样的体验。当你纠结到底该选择现在的一次还是以后的两次或多次时，你纠结的体验必须是未来可以重复的（诸如婚礼及亲友的毕业典礼等一生只有一次的经历显然是无法重复的）。你还应该思考延迟体验是否真的会让体验变得更好：有时候你稍微等一等，就可以用额外的钱买到同一种体验的"升级版本"。例如，我可以告诉大家，在40岁时体验拉斯维加斯比在20岁时好太多，前提是40岁的你比20岁富有很多，那感觉就像体验了两个完全不同的拉斯维加斯。我不是说20岁的人都不应该去拉斯维加斯，我的意思是，有时候需要延迟满足，因为那可以让你获得更多人生体验积分。

结论就是，这个问题取决于那是什么样的体验。但一般来说，我认为当你问自己"**我更想要什么**"时，年轻时你会很自然地选择延迟，年长时则会避免延迟。如果你是 20 岁，你的答案很可能是愿意等待。为什么呢？因为 10 年后，你身体很可能还跟现在差不多，而且两趟旅行比一趟旅行更好。但是如果你已经 70 岁，你很可能不希望等到 80 岁！日渐衰弱的身体告诉你现在就去体验，此时延迟体验可能就相当于永远错过。

所以，思考"**我更想要什么**"跟个人利率殊途同归：你年纪越大，越不愿意延迟一项体验，即使有人付给你很多钱让你延迟也是如此。

求解充实感最大化问题：引入死前归零 app

本章讨论的问题是在人生各阶段支出与储蓄的平衡。我已大致解释了应该将支出转移到相对合适的年龄，也说明了对你享受生命能量影响最大的三个因素：健康、自由时间及金钱。但是，如果你的目标是**最大化**人生愉悦感，那么就得确定自己每年要花多少钱——这个数字因人而异。

要想确定这个数字，我需要一个考虑每个人具体情况的计算机程序，进行一系列计算，确定此人的最佳支出计划。我要开心地宣布，在一位经济学家的帮助下，我开发出了一个 app。要想善用生命能量，并不一定非要使用这款 app，仅仅遵循本书提供的建议就可以做到。但是，如果你希望更加优化，如果你希望"挤出"每一滴生命能量，那么这款 app 可以提供帮助。有关这款 app 的更多信息以及其作用，请参见附录。

建　议

◎ 想想你现在的身体状况：什么样的人生体验是你现在可以，但日后可能无法实现的？

◎ 想出一种投入时间或金钱就能改善身体状况，进而提升未来所有人生体验的方式。

◎ 学习如何通过改善饮食习惯来保持健康。此类书籍有很多，我非常了解并始终推荐的一本是《食为本》（*Eat to Live*），作者是医学博士乔尔·福尔曼（Joel Fuhrman）。

◎ 多从事喜欢的体育活动（例如跳舞或徒步），它同样可以让你更能享受未来的体验。

◎ 如果相比于金钱或健康，你享受体验的能力受时间限制更大，那么想出一两种可以通过花钱解放更多时间的方式。

7

分段人生

准则 7 | 将人生视作不同季节

在我的女儿们年纪还小的时候，我喜欢和她们一起看《小熊维尼之长鼻怪大冒险》（ *Pooh's Heffalump Movie* ）。我认为它是最好的儿童电影，讲述了一段纯真美好的友谊，我们反复看过很多遍。等到我小女儿 10 岁时，有一天我再次邀她一起看"长鼻怪"，令我吃惊的是，她竟然不愿再看。转眼之间，她就觉得那是小孩子才看的电影了！

如果有人能提早告诉我，到这一天的时候，我的女儿将不再喜欢看"长鼻怪"，我很可能会抓紧时间陪她再多看几遍。不幸的是，现实生活中你很难知道，具体哪一天你将无法继续做某一件事——有些事似乎在不知不觉间就渐渐离我们而去了。直到它们彻底远去，你可能都未曾给予太多关注，甚至丝毫不曾留意。你只是下意识地认定，有些事将永远存在，但显然，它们不会。这是必然的，且令人难过，但也有好的一面：意识到任何事都无法永存，都将消逝、死亡，可以让你在此时此刻对万事万物更加心怀感激。

本书从头至尾都基于两个残酷无情的事实：我们都会死；随着年岁渐长，我们的身体也将日渐衰弱。但是，还有一个不那么明显的事实，对于我们应该如何度过这一生同样存在重要意义，即所谓的"死亡进行式"：我们每个人一生中都会"死亡"无数次（其原因将在下节揭晓）。本章将探讨"人生从一个阶段过渡到另一个阶段"这一普遍过程的实际影响。此外，本章还将提供一个规划人生体验的工具，即所谓的"时间分段"。

没有明确的终点

"长鼻怪"只是我众多人生体验中的一种。多年来，身为父亲的我，在年幼女儿的环绕下欣赏我最爱的儿童电影；但是，突然有一天，我和女儿们的这个人生阶段一去不复返。当然，我依然陪在她们身边，我依然能和她们一起享受别的人生体验，例如看她们踢足球比赛，欣赏她们的舞蹈表演，带她们去旅行，等等。但是，她们终有一天会长大，这个版本的我也将不复存在。

同样地，因为我不可避免地日渐衰老，终有一天我将无法再玩摩托艇，无法再参加扑克锦标赛，无法再坐飞机出国。这一天到来的时间或早或晚，但一定会在遥远未来（但愿如此）的某一天到来。

我无意谈论死亡，也不想传达太多悲观情绪。我只是想点出一个重要事实：我死亡的日子和我无法享受某些体验的日子，相距甚远；而且，每个人都是如此。

这便是"我们每个人一生中都会'死亡'无数次"的玄机所在：十几岁的你"死"了，身为大学生的你"死"了，单身未婚的你"死"了，身为父母、子女尚小的你"死"了，诸如此类。这种"迷你死亡"无法逆转，也许"死亡"这个词有点严重了，但这个意思你应该能懂：我们一直在"前行"，从一个人生阶段进入下一个人生阶段。我知道，我死啊死的说了太多，但积极的一面是，我们拥有这么多条"命"，可以让我们去生活，去享受，去活得淋漓尽致！

要想活得淋漓尽致，挑战不仅在于"无法逆转"。回想一下，你最后一次和自己的发小聚会是什么时候？你最后一次和那个你非常喜欢，但现已作古的教授聊天是什么时候？就算你能记得确切的日期，很可能也无法提前预知那将是最后一次。与时间固定的学年及买好回程票的假期不同，我们大部分人生阶段的终点都是"来去无痕"。人生各个阶段或许有所重叠，但每个阶段都将或早或晚地终结。

因为人生的各个阶段都必将终结，有些体验就算你想推迟，也只能推迟到"机会窗口"永久关闭之前。我能想到的最佳类比是一组不同的泳池，一些大型度假村就有这种泳池组合：它们通常会有一个儿童浅水池，一个适合年长儿童和青少年的水滑道泳池，一个仅限成人的泳池，甚至可能会有一个泳道泳池，以及一个老年人泳池。现在，你可以在任一泳池想游多久游多久，但前提是你得符合该泳池的规定。

所以，就算你的年纪已超过儿童泳池的限定年龄，可你还没学会游泳，你依然可以去青少年泳池，然后再转到成人泳池；但是，如果你过了青少年的年纪，水滑道就将永远离你而去了！就算你现在游泳超厉害，就算你后悔自己十几岁的时候怎么就那么害怕水滑道，哪怕悔青了肠子，也无济于事。同样地，在现实生活中，你大可以将某些体验拖延到未来去实现，例如，你20多岁时错失的某些旅行或某些体育活动，30多岁的时候再补上可能也来得及。但是，这种将体育活动延后的能力，并非毫无限制。实际上，它所受限制比大多数一再拖延的人认为的要大。有些人给人的感觉就是，他们以为自己一辈子都能在儿童泳池和青少年泳池游泳，又或者他们以为，自己的人生就是一个在任意时间都能任意使用的巨大泳池。但时间飞逝，他们才猛然发觉自己已身处老年人泳池，心里还嘀咕自己怎么就落到了这步田地!

无悔人生

你能理解我说的意思吗？一个人的一生中，过度的延迟满足及由此产生的悔恨，不会只发生一次；相反，在你人生**每个**阶段都可能发生：从高中时期为了一个虚无缥缈的美好未来，只知道埋头学习而牺牲太多，错过无数青春期的快乐，到中年时期为了一次又一次的升职，只知道永不停歇地工作，而一再错过自己青春期孩子不能重来的成长。有时候，人们在机会窗口关闭前一刻才意识到自己的错误，例如在自己孩子准备"离巢"时才幡然醒悟；有时候，终于醒悟却为时已晚、无可奈何，只能下定决心在下一个人生阶段再来弥补。

可最悲哀的是直到死前才悔悟，此时一切已成定局，你能做的只剩与过去和解。

读到或听到其他人的临终遗憾，可能让那些仍有时间做出改变与调整的人醍醐灌顶，甚至恨不得马上采取行动。

当然，每个人的临终遗憾都不尽相同，但是，如果你听多了就会发现共同的模式呼之欲出。澳洲有一个名叫布罗妮·韦尔（Bronnie Ware）的姑息护理师，她的工作就是照顾生命仅剩数周时间的病人。她跟病人谈论"如果人生可以重来"的话题，并发现了最为常见的五大遗憾。她在网上就这个话题发表的文章大受欢迎，之后还出了一本书，其中最常见的两种遗憾跟我要传递的信息密切相关。[1]

她的病人最大的遗憾是未能勇敢地过一种忠于自己的生活，而是活在他人的期望里。这是一种没有追逐梦想，未能实现自己梦想的遗憾。如果你忽视生命中真正看重的东西，反而去走日常文化强加给你的那条道路，那么，你在临终之时很可能会后悔莫及。美国文化往往看重努力工作和赚钱，而忽略了其他重要的价值（例如休闲、冒险及人际关系），因此，很多美国人在生命的最后时光发自内心地悔恨一生中做出的种种牺牲，也就不足为奇了。不是有句俗话说嘛，"工作非我愿，嫌多不嫌少"。

第二个遗憾有点类似，即"我希望我工作别那么努力"。这实际上是韦尔的男性病人最遗憾的事。这与我宣扬的理念不谋而合。韦尔写道："所有我照顾的男性都深深地悔恨自己在人生中太多时间都只是一部工作机器。"女性也会有这样的遗憾，但是韦尔指出，她的病人都是上一辈的人，当时外出工作的女性还比较少。并且，当人们说后悔工作那么努力时，他们不是指那种抚养小孩的艰辛"工作"，而是指为养家糊口、支付账单而从事的工作，他们因此错过孩子的成长以及陪伴伴侣。

现在，请深呼吸一下。我承认谈论死亡与人生遗憾非常"致郁"。我知道让你意识到自己最终将永远失去一些东西，会让你提前产生一种"悲伤"的情绪。但是，无论你相信与否，思考近在眼前的"失去"实际上能让你更加快乐。一项大学新生参加的实验极为清楚地解释了其原因。

一个心理学家团队让一组年轻学生想象他们将在 30 天后搬到很远的地方，让他们据此对仅剩的 30 天进行规划。这将是他们在很长一段时间里，和学校那些刚刚建立感情的特别的人与地方最后相处的机会。简而言之就是，敦促他们尽情享受最后的大学时光。然后，在这一个月里，研究人员要求他们写下自己每周的活动。

作为对照，还有另一组新生没收到任何要求，不用想象任何事情，不用着急享受校园时光——他们只需要一切如常。猜猜最后的结果是什么？想想就知道，30 天之后，第一组学生比第二组学生更快乐。无论第一组学生有没有努力从每天的活动中"挤出"更多快乐，无论努力后有没有成功，他们只需要有意识地想象自己时间有限就必然有所帮助。[2]

这说明了什么？说明只要你意识到自己时间有限，就可以激励你善用自己的时间。

当我们去一个未曾去过的地方度假时，都曾体验过该效应的某种变式。身为游客，我们非常清楚自己只能在那里待一周，所以我们都会提前计划，为的就是尽量多打卡几个地标，多一些游览，多一些活动，多经历一些当地独一无二的体验。我们去拜访朋友，也会努力和他们多相聚，尽情享受每个时刻。换句话说，我们积极主动、竭尽全力地把时间当作稀缺资源对待。

可是，我们回家后的行为往往大不一样。我们很可能对家乡习以为常的景点视若无睹，不只是因为我们忙于其他紧迫的日常事务——即使我们确实很忙，而且忙碌让我们不太可能把生活过得像度假一样；更是因为大多数人没有感觉到时间紧迫，就好像他们改天总会有时间去参观家乡的博物馆、去附近的海滩晒太阳或者去拜访朋友。因此，我们晚上花大量时间看电视，虚度周末时光。简而言之，当某个东西让人感觉无穷无尽时，我们往往不会珍惜。但现实却是，你人生各个阶段拥有的时间并没有那么多，且绝对不是无限的。

与本书其他主题不同，人生阶段有限、每个阶段天数有限这个概念与钱无关。要区分的是，每个时期你能拥有的特定体验**确实**与钱有关，但是，"时期有限"的现实和影响与钱无关。我们经常听到有人说"我一直想去某条路线徒步"或者"我一直想带小孩去哪里哪里玩"，每个人的预算里都包含这样的体验。为了帮你规划你希望实现的人生体验，避免过度延迟，我将介绍一个有助于认识人生阶段的简单工具。

"时间分段"的启示

时间分段是一个简单的工具，可探索一个人期望的人生的大致轮廓。接下来我将推荐具体的做法。画一条你人生从现在到死亡的时间线，分成 5 年或 10 年的间隔，例如从 30 岁到 40 岁，或者从 70 岁到 75 岁，每一个间隔就是一个时间分段，其实就是一个随机的年龄分组。

然后，思考一下你人生绝对想要达成的关键体验，即活动或事件。每个人都有梦想，但是我发现将梦想写下来**列成一个清单**很有用。清单不必很完整。实际上，你当下不可能知道未来想要做的所有事情，因为大家都知道，新的体验和新结识的人可能让你发现意料之外、但想要投入其中的新兴趣。人生的要义就是探索。你日后也会回过头来重新查看这份清单。

但是我很确定，对于未来想要实现哪些体验——有些体验可能还想经历多次——你应该已经有些想法。例如，你可能想要一个小孩，想跑波士顿马拉松，爬喜马拉雅山，盖一栋房子，申请一项专利，创业，做无国界医生志愿者，去一家米其林餐厅吃饭，参加圣丹斯电影节，滑雪 50 次，去歌剧院听歌剧，乘坐邮轮去阿拉斯加，阅读 20 本经典小说，参加超级碗（Super bowl，美国 NFL 职业橄榄球大联盟年度冠军赛），在拼字锦标赛上一试身手，游览黄石公园，在佛蒙特观赏秋景，带孩子去迪士尼玩三次，等等。你放开去想，无论想法多离谱都行。

你的清单将是你自己对"我是谁"的独特表达，因为正是你的人生体验造就了你。画个重点：你在列清单时，不要担心钱的问题，这个时候钱只会让你从想象**理想人生**的总体目标中分心。

一旦列出清单，就可以根据实现各项体验的理想时间，将它们放入相应的时段内。例如，如果你此生想要滑雪 50 次，你想要在哪些 10 年或 5 年的时间分段去滑雪？这里也不要考虑钱的问题，只需要思考你真正想要在人生哪个节点去实现那些体验。

图 7　填充你的时间分段

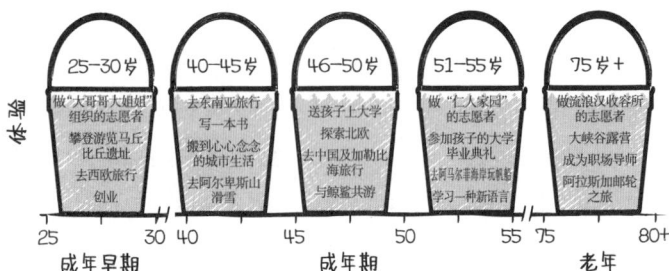

为自己的人生做时间分段，就是将一个清单上的体验分配到人生不同的时间段

这些体验的时段分配，有的简单有的难。事实上，对于某些美好的人生体验，你很可能已经有了妥帖的安排。至于你"愿望清单"里的其他项目，举例来说，去遥远的地方旅行，什么时候都可以。但是，前面我们已经说过，你在四五十岁的时候出门旅行，肯定比七老八十了再出去更轻松。关键是，现在就要开始积极主动地思考并规划未来。

一般来说，利用时间分段的方法能让你意识到，有些体验在特定年龄去实现会更好一些。例如，在年轻的时候体验登山及观看喧闹的演唱会，乐趣将多很多。毫不意外的是，对体力要求最高的活动多半落在时间线的左端（较年轻时）。你不太可能在 80 岁的时候还经常滑雪。不过，确实有人在 80 多岁高龄时参加波士顿马拉松比赛：有一位名叫凯瑟琳·贝尔斯（Katherine Beiers）的女性，身体非常健康，就是在 85 岁时完赛的。但这显然不是常态。就算是贝尔斯，她 85 岁参加的这场马拉松也不是她人生的首个马拉松，而是第 14 个。

万物有时：时间分段 vs. 愿望清单

你在做"分段"练习时，将体会到什么事都有其"当季"时间。不过，你可能也会察觉到，有些想要实现的体验与其他体验相互冲突。又或者，你会意识到有些你想要体验的活动，除非从现在开始规划，否则压根不可能实现。

这里要澄清一下：前述清单与所谓的"愿望清单"恰恰相反，愿望清单通常是把一个人在生命终结之前想要做的所有事情全都罗列出来。从传统来看，往往是年老的人才会列愿望清单。他们在感觉死亡临近时开始拉单子，列出那些至今都没有尝试、但是感觉必须立马实现否则就来不及了的事情。

与之相反的是，将目标分配到不同时段是一种主动掌控人生的方法。实际上，你是在展望未来几十年的人生，尝试规划想要实现的各类活动、事件及体验。时间分段是主动的，你可以借此规划人生；愿望清单是突然开始与时间赛跑，要被动得多。

在填写时间分段时，你可能会注意到有些体验相对更灵活。例如，你年迈时依然可以去图书馆、欣赏经典电影、阅读小说或者下国际象棋。你几乎在任何年龄都能感受邮轮之旅的快乐。

尽管如此，你在分配想要的人生体验时多半还是会发现，它们并非平均分布在各个年龄。相反，它们会很自然地集中在某些时期，大致呈现为钟形曲线右侧的形状（见下图）。

图 8　体验集中在 20 多岁 vs. 更为传统地分布在中年

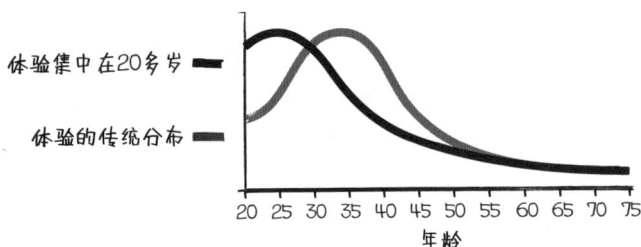

如果没有金钱限制，最佳的情况是你大部分体验发生在二三十岁身体最好的时候。但现实中，大部分人的支出集中在中年

只要你仍然忽略金钱因素，主要关注健康与自由时间，那条钟形曲线很可能偏向左侧，因为你会希望在自己身体状况最

好、尚未为人父母的时候经历大部分体验（特别是那些有体能要求的活动）。如果你的人生计划包括生儿育女，你想要与子女共同经历的体验将集中在稍大一点的年纪，你很可能在三四十岁的时候创造一个峰值。再说一次，即使不考虑体验的成本，也是如此。

所以，请记住，我们仅仅只关注了时间分段的两个关键要素：身体健康及人生梦想。我们有意将经济问题放到一边，因为只要一句"听上去很棒，但面对现实吧……我负担不起"，就能轻易浇灭我们的梦想。关注金钱将转移我们的注意力，让我们忽视时间与健康都在飞快消逝这一残酷的现实。

但是经济问题是真实存在的，所以要接着读下一章，我们将讨论如何在仍有时间的时候抓住机会花钱。

建　议

◎ 你如果觉得为整个人生做时间分段有点吃不消，可以只做三段，覆盖未来30年。你可以一直往自己的清单添加项目，只是要赶在年龄和健康还不成问题之前。

◎ 如果你有孩子，想一想你自己版本的"长鼻怪"故事：未来一两年，在孩子的和你的某个人生阶段结束之前，你更希望与他们共同经历哪些体验？

8

了解你的峰点

准则 8 | 知道什么时候停止财富增长

前不久，我刚庆祝完自己的 50 岁生日，当天我真的很开心，但这一次的生日派对并非我人生中最盛大的派对。我最盛大也是最好的派对发生在 5 年前，当时我计划了一场能力范围内最难忘的 45 岁生日聚会。我的设想是，把所有亲人及我人生各个阶段的朋友都聚在一起，邀请他们去我在这个星球上最爱的地方之一：加勒比海上美丽宁静的圣巴特岛。我和妻子就是在这个小岛度的蜜月。

虽然 45 岁只是人生过半，但我知道自己不想等到 50 岁再去实现这个体验：母亲已经老了，我希望她能坐飞机过去，尽情享受这场生日聚会。（父亲已经年老体衰，无法同行，所以母亲的参加就更显得重要。）另外，我的朋友们也不再年轻！天知道未来还有没有机会将这些人全都聚在一起！那一年就是合适的"时间分段"点，我下定决心举办这个聚会。我希望余生拥有这个独一无二的重要回忆。

不用说，钱自然要花不少。幸好，我人生到了这个节点，凭借我做能源交易员的一点技能及大量运气，我的经济能力还行。但是，我知道是个人都会为钱担心，而且我想要邀请的许多人，包括我童年及大学的朋友，都负担不起去圣巴特岛的机票及我看中的一家僻静酒店的费用。你想要去分享体验的对象真的会影响体验的品质，对于一生仅有一次的事件来说，这更是人生至理。所以我知道，如果我真的想要举办这种别出心裁的生日聚会，我必须挺身而出，承担许多客人的费用。

可是，跟所有人一样，我的财力有限，而且我算了一下开销，发现超出了我的限额，举办这个梦寐以求的聚会将花掉我很大一部分流动净资产。无论这个星期将多么精彩绝伦，短短一周就花这么多钱，真的值得吗？

无论什么人，只要考虑大额消费，都会面临类似问题。当然，何谓"大额"因人而异，常常是数量级的差异，但是对所有人来说，问题的核心是相同的：为了获得最大愉悦及产生最多回忆，最佳的花钱方式是什么？

对于这个问题，你现在已经知道我的部分答案了：投资那些值得回忆很久的体验；时刻记住所有人的身体状况都会随年龄增长而变差；在生前就将钱给子女，而不是存着作为遗产；学会平衡当下享受与延迟满足。但是，尽管我坚信这些原则，我的 45 岁生日聚会还是让我犹豫了：就为了一次为期一周的聚会花一大笔钱，聚会最后能有多难忘也未可知。我必须说服自己，克服这一心理障碍。我要一遍又一遍地跟自己说，我绝对不会再有另一个 45 岁生日，同时反问自己：除了在未来遥远的某一天我的葬礼，我还有机会将人生中所有这些重要的人聚在一起吗？不过，一旦我克服了那个心理障碍，我就全身心投入，全力付出，花钱将聚会办到最好。

铭记一生的聚会

我将太瓦纳酒店（Taïwana）的 22 间客房及套房全都租了下来。该酒店位于岛上最大海湾的白色沙滩上，面朝大海，位置隐蔽。为了让所有人都有地方可住，我在旁边很棒的白马庄园酒店（Cheval Blanc）也订了几个房间。我为十几个宾客买了机票。此外，我还安排了游船之旅、野餐、消夜及娱乐活动，包括卡拉 OK、寿司之夜和复古 R&B 之夜。

然后就是纳塔利娅·默钱特（Natalie Merchant）。20 多岁，我的人生刚刚起步时，我和一个室友住在纽约一间超级小的公寓里，我俩常听默钱特 1995 年发行的首张个人专辑《虎皮百合》（*Tigerlily*）。我很爱这张专辑，而且当时我就知道这位"一万个疯子"（10000 Maniacs）乐队前主唱温柔轻快的曲风，可以为一个特殊的夜晚营造出完美的氛围，所有人都会陶醉其中——从我的母亲到跟我在泽西市一起长大的发小，无一例外。因此，我通过代理人联系到默钱特，请她来岛上开一场私人音乐会，而对宾客，我只是说会有一个惊喜嘉宾。

私人音乐会当晚无比美妙，我记得我从身后抱着妻子，沉醉在音乐之中，还听默钱特讲了她创作其中一首歌曲的故事。我还记得自己疯狂喝香槟，看到我母亲和这位伟大的歌手交谈得非常开心。但是，美好的不只有音乐会，这趟旅程所有的一切都堪称完美。

想象一下：在一个晴空如洗的日子，你从自己的房间走到漂亮的沙滩上，海浪轻柔地拍打着沙滩，触目所及全是你深爱的人。有大学时代最好的朋友；走几步路又看到工作后最好的朋友；你的母亲从海边凉亭走出来；其他密友要么在露台上，要么在泳池边。每个人都被四周的美景所折服，每个人都非常开心！相信我，一起经历这样的体验，那种感觉真的无与伦比！实际上，我有时候会忍不住想："这可能就是天堂的样子吧"。这个念头一而再、再而三地冒出来。那个星期在各方面都太棒了，我将永远铭记在心，直到大脑停止运转的那一刻。

直到现在，我身边的人依然在谈论那个星期。偶尔一件琐事让我想起那次美好的聚会，所有美好的感觉就会复苏并汹涌而来。在脑海里重温那些日与夜，感觉几乎与当初亲身经历时一样好。我相信，在我的人生尽头，我的喜悦将来自我的回忆，而圣巴特岛之旅将是最为重要的回忆。

这也是我在一周内花了那么多钱但毫不后悔的原因，我也庆幸自己没有等到50岁生日再去实现这个铭记一生的聚会。实际上，到我50岁生日时，我的父亲已经去世，母亲的身体大不如前，我的三个手足虽然都还在，一些朋友却未能出席。在我看来，5年前大手笔组织那次超棒的聚会是非常正确的决定。

我也可以在45岁时不办那个盛大的派对，而是将生日庆祝方式改为查看月度投资储蓄和个人退休账户对账单，可这会留下什么样的回忆？

许多人倾向于延迟满足和为未来存钱。延迟满足的**能力**对我们有好处：能够按时上班，付得起日常账单，能把子女照顾好，衣食无忧——这些都是生活的必需。但实际上，延迟满足只在一定限度内有所助益，如果你每天只顾着"吃苦耐劳"，那你就面临这样的风险：某天早上醒来后突然意识到，可能延迟太久了。极端情况是，无限期延迟满足等于没有满足。那么在什么情况下延迟更好呢？

这个问题的答案不止一个。其中一个答案是"因时而异"，我在第6章"平衡人生"里已经说过：你必须在当下消费与为了将来储蓄之间取得平衡，这是贯穿一生的问题。每一年的最佳平衡都不尽相同，因为你的身体状况和收入可能每年都有所改变。

最佳平衡的另一种解法是，将你一生的存款视作一个整体，这是本章要关注的问题。因为大部分人不是从这个角度思考消费与储蓄，所以接下来我会做出解释。

首先，想一想你现在拥有的一切，从你住的房子到你收集的棒球卡，从你股票的价值到你钱包里的现金，这些是你的总资产。如果你有债务，例如学生贷款、房贷或者车贷，那就用总资产减去贷款总额，剩下的就是你的**净资产**，即拥有的资产减去**所欠**的债务。听着很耳熟，是吧？净资产是一个很基础的概念，我们前面讲不同年龄段的美国人净资产中位数的数据时，就曾提到过。你如果理解了上面这些讨论，应该就能理解接下来要说的一个要点：一个人的净资产并非一成不变。

这是理解"峰点"的一个关键：你的净资产是随时间而变动的，对大多数人来说都是如此。你在人生很大一部分时间，特别是刚起步时，都是赚多少就花多少。在这样的人生早期阶段，净资产不会增加：如果你住在租来的公寓里，背负着大量学生贷款，赚的钱不够偿还债务，那你的净资产就是负值，因为你的欠款比资产多。

但随着你一点点还清学生贷款，再假设你的收入涨得比支出快，那一般来说，你就能存下钱了，这也就意味着你的净资产将开始增长，由负变正，而且会越来越多：如果你一直有工资收入，你的净资产通常会持续增长，无论增长是快是慢。我不是说**理应**如此，而是说通常是这样。打个比方，假设你在25岁时净资产是2,000美元，30岁时是10,000美元，到了35岁时，极有可能高于10,000美元，40岁时通常更高，45岁时又更高一点。家庭净资产（按户主年龄统计）的统计数据就呈现这一趋势。

或者，看看住房自有率，因为拥有自己的房子是积累财富的一种常见方式。[1]（你可能未将自己的住房与银行里的存款当作一回事，但不可否认的是，拥有一套房子会增加你的净资产。）在35岁以下的美国人中，大约只有35%拥有自己的房子，35—44岁的美国人住房自有率接近60%，在45—54岁区间，这一比例则接近70%，年龄再往上，比例则更高。

不过，这些基本统计数据只是描述了人们当下的净资产情况，并没有说明如果一个人的目标是最大化人生愉悦感时**应该**怎么做。那么，到底**应该**怎么做？

在这个问题上，我的建议与大部分人的做法相悖。我的建议是，你应该找到自己人生净资产达到**最高**的那个特殊节点，我将这个节点称作你净资产的峰点，或简称为"你的峰点"。

为什么会有一个峰点？为什么你的净资产不能一直增长？首先，请记住，从我的角度看，你的首要目标是最大化人生充实感，是尽可能将生命能量转化为体验积分。在身体状况必然变差、死亡不可避免的情况下，这要求你将金钱与自由时间最优分配到合适的年龄。因此，在有些年纪时你要存极少的钱（这样你就能花更多钱去收获有意义的人生体验），还有些年纪时，你要多一些储蓄（这样你未来就能拥有更多钱去享受更多或更好的体验）。

但是，之所以要有一个净资产峰点，还有一个更加重要的原因：你的目标是死前归零。如果你的净资产一直增加，60多岁的时候在涨，70多岁的时候还在涨，之后继续涨，那怎么可能实现死前归零呢？所以，到了某个时间点，你就必须开始动用存了一辈子的钱；否则，到最后你的钱就花不完，这意味着，你本该拿到的一些体验积分却没有拿到。这就是为什么我说你的净资产应该达到一个最大值，之后，你就必须趁着还可以从体验中获得大量愉悦时，花钱购买体验。实际上，净资产达到最大值的时间就是你的峰点。

峰点的时间不能听天由命，为了善用你的金钱和你的人生，你必须自主确定峰点日期。接下来我将提供一些指导，帮你了解并确定这个日期。

但是，你的钱够吗？

在你开始考虑消耗自己的财富之前，你必须确保自己拥有足够余生使用的财富。这是一条重要的提醒，因为许多人没有为退休存够钱。尽管我希望敦促所有人尽可能多地体验，但我不想鼓励不负责任地花钱。只有对那些存款达到一定阈值的人来说，将峰点看作一个日期，而非一个数字才是好建议。

即使如此，我的这些建议是建立在充实人生的模型之上。我不是一个财务顾问，如果我让你对管理财富有了一些不同的想法，你最好先找一位专业人士弄清你个人情况的细节，例如找一位经过认证的财务规划师或会计师。

有了上面的"免责声明"，接下来我将解释我是如何处理并思考存款阈值的。我所谓的"阈值"，是所需存款的最小值，是一个数字。稍后你就会看到，这个数字很可能比本本分分存钱的人可以存下的数目要低。这是因为，该阈值是基于避免最坏的情况（人还活着，钱已经用光），在没有其他任何收入的情况下仅够生存的存款数额。一旦达到这个阈值，你就无须工作赚钱，而是可以谨慎地动用存款了。

这个阈值是多少呢？这因人而异，因为生活成本取决于你居住的地方及其他一些因素。如果你除了自己还要扶养其他人，存款显然要比一人吃饱全家不饿的情况要多。但是，对所有人来说，生存阈值既取决于你每年的生活成本，也取决于你的预期寿命。

举例来说，假设你每年的生存成本是 1.2 万美元——不可否认这真的很低，但是我举这个例子不是为了告诉你具体成本是多少，而是演示如何进行基础计算。

我们再假设你现在 55 岁，并且预期寿命计算器告诉你能

活到 80 岁，所以你的钱必须够你生活 25 年（即**剩余寿命**为
25 年）。那么，你现在需要多少存款才够度过余生？

如果只想得到一个非常粗略的答案，而不是最终答案，那
么你只需要用每年的生存成本，即一年的生活费，乘以相应的
年限，即**剩余寿命**：

一年生活费 × 剩余寿命 =12,000 × 25=300,000（美元）

再强调一次，这并非最终答案。你需要的真实存款数额实
际上要比 300,000 美元少得多。原因何在？因为你的存款不会
就静静地待在那里，等着你一年又一年地消耗。假设你用这笔
钱投资一个典型的股票／债券组合，那你通常可以赚到钱，也
就是说，即使你不再工作也能有收入。因此，无论利率高出通
胀率多少（无论利率是 2%、5%，还是别的数字），都可以补
偿取款的损失。

方便起见，我们可以假设利率高出通胀率 3%，然后将这
个利率运用到以下的例子之中。

假设你最初的存款是 212,000 美元，你第一年花了 12,000
美元。那么一年之后你还剩多少钱？答案是不止 200,000 美
元，而是接近 206,000 美元，因为就算你在年初就一次性取
出 12,000 美元（因此这 12,000 美元无法获得收益），剩下
200,000 美元按 3% 的收益计算就是 6,000 美元。你可以用同样

的年取款额和同样的年利率，按照这个方法算完 25 年的情况。

这笔固定的年度取款是一种年金（很像你从保险公司购买的年金），有一个专门的公式（称作"年金现值公式"）计算你刚开始需要多少钱才能产生一份特定的年金。[2] 如果把上面这些数字代入该公式，你会发现初始的 212,000 美元几乎可以帮你撑到最后。（准确地说，如果利率为 3%，每年取 12,000 美元，那么你最初需要 213,210.12 美元。）每取一笔钱，你的初始金额就会缩水，只是缩水程度没你想的那么多，因为利息会补回来一些。这就是为什么你需要的金额只占每年生存成本与年限相乘之积的一部分，因为利息会补齐不足的部分。

那么这个比例是多少呢？按照简单的经验法则，我建议为 70%。在上面所举的例子中，这个比例刚刚超过 71%（因为 213,310.12 是 300,000 的 0.717 倍）。如果利率再高一点，你所需的存款占比还要更低一些。例如，如果利率变为 5%，其他条件都不变，那么你只需要 173.426.50 美元，换算下来占比不到 58%。当然，如果利率为零，那么余生所需金额（全部 300,000 美元）就只能都靠存款了。但是，在大多数情况这个比例是 70%，简单而划算。

因此，将生存阈值的计算总结为一个基本公式：

生存阈值 $= 0.7 \times$ 一年生活费 $\times$ 剩余寿命

你可以代入不同的**一年生活费与剩余寿命**进行计算。例如，如果你希望在佛罗里达退休，就可以研究一下那边每年的生活成本是多少。当然，你也可以代入不同的剩余寿命，看看这些变动对生存阈值的影响。

请记住生存阈值是最小值。一旦你存够生存阈值的钱，你很可能还不想退休，对你来说，基本生存阈值所能保障的生活质量可能不够好，你为了提高生活质量而继续工作赚钱是很自然的事。但是这个时候，你至少可以安心地考虑动用存款的**可能性**。一旦解决了基本的生存问题，你就可以开始将净资产峰点看作一个日期而不是一个数字。

还有一点：可以利用多种财产来源去达成你的生存阈值。打个比方，如果你的住房有净值，那么你可以考虑卖掉这套房子，换一套小一点的房子；如果你很喜欢现在这套住房，可以考虑住房反向抵押贷款，这也是一种善用房产的方式。如果你不确定自己还能活多少年或者担心钱花光，别忘了你可以用自己全部或部分存款购买一份年金。

认识你的峰点：是日期，而不是数字

现在假设你超额达成了自己的生存阈值，则可以思考：为了最大化人生充实感，要在什么时候动用存款。再说一次，当你从这个角度思考自己的净资产时，峰点就不是一个数字（一个具体的金额），而是一个**具体的日期**（与你的生理年龄有关）。这是针对财务目标的两种非常不同的思维方式。

我们许多人的思维方式被训练成这样的：我们动用存款的计划应该以数字为准，即一旦存款达到一定数额，就能退休并依靠存款过活。至于这个数额应该是多少，各种建议琳琅满目。最偷懒的一种建议是让所有人都朝着一个单一的数字努力，例如 100 万美元或 150 万美元，也不管你是谁或者你住在哪，统统如此，这显然错得离谱。（100 万美元的存款怎么可能同时适用于一个身体健康喜欢满世界旅行的旧金山人，以及一个性格安静、不喜欢离家的奥马哈人？）真正的退休专家绝不可能给出一个一刀切的数字。

相反，专家会根据你实际的生活成本、预期寿命以及预期利率（例如典型的经通货膨胀调整后的年化回报率 4.5%），因人而异地给出建议。有些顾问甚至会考虑到从你退休之初到生命尽头，你的支出不可能一成不变，因此他们会告诉你，相比于退休之后十几二十年，你退休之初（活力之年）将需要更多钱。[3] 所以，退休规划建议的专业程度肯定是参差不齐的。但是，所有这些财务建议都有一个共同点，也就是给你一个单一的数字，即一个有待实现的财务目标，达成之后你就可以安心地开始消耗存款了。

对于那些要么因为收入太低，要么因为太像"蚱蜢"，而没有存够退休金的人，专注于达成财务目标确实在情理之中。

心里没有这样一个非常明确的目标，没有存够钱的人显然有可能遭遇堪称所有人噩梦的情形：钱全花光了，却因为年纪太大无法再回去工作。

但是，一个数字**不应该**是大多数人的主要目标。原因之一是，在心理上，任何数字都绝不可能让人感觉"够了"。例如，假设你得到的数字（根据财务顾问推荐的那种计算方法）是200万美元。在实现这个目标的过程中，你只要说服自己，如果存够250万美元，就可以享受更加优质的生活。如此，你就能顺理成章、心安理得地延长工作时间。同样的逻辑，存够300万美元，你的生活品质将更好。所以，哪里是个头？这是数字目标的一个问题所在。为了追上这个不断变动的目标，你只是不经思考地一味工作，最终推迟实现人生最佳体验。

要想理解为何应该从"日期"而非"数字"的角度思考，你得想到前文讨论过的一个话题：享受体验需要金钱、自由时间及健康，缺一不可，只有钱是远远不够的。对大多数人来说，攒钱需要时间。因此，延长工作年限以积累更多实际上不需要的存款，你有些东西（金钱）是增加了，但是另一些**至少**同等价值的东西（自由时间和健康）失去得更多。这里的核心观点是，更多的金钱并不等于更多的体验积分。

大多数人忘记了赚钱需要的成本，因此注意力主要集中于"收获"。回到上面的例子，比起200万，250万确实可以买到更有品质的生活，前提是**在其他所有条件都相同的情况下**——

可是，其他条件往往**并不相同**！这是因为，你工作的时间每多一天，你就牺牲了同等的自由时间，这期间，你的身体也跟着逐渐衰退。如果你又花了 5 年时间才停止储蓄，那么你的身体就持续衰退了 5 年，彻底关闭了某些体验的机会窗口。总而言之，从我的角度来看，你花时间多赚的 50 万，并不能弥补（更不用说超过）你为了赚更多钱而损失的享受 5 年自由时间的体验积分。

图 9　金钱效用随年龄的增长而下降

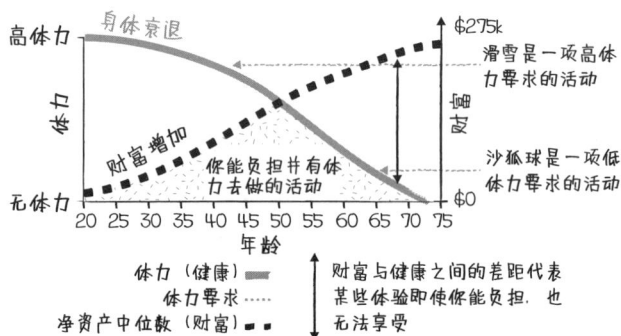

你享受体验的能力同时取决于你的经济能力（财富曲线）以及你的体力（健康曲线）。持续积累财富并不一定能让你买到更多体验，因为无论你多有钱，身体衰退都限制了你对某些体验的享受

因此，除了仅够生存的最少资产之外，**不要从金额角度思考**，而是将你的净资产峰点视作一个日期。

当然，有些人已经从时间角度思考何时停止储蓄，最常见的两个节点是 62 岁（可领取社会安全福利金的最早时间），以及 65 岁（获得老人医疗保险资格的年龄）。根据出生日期不同，你可以在 66 岁到 67 岁之间的某个时间，全额领取社会安全福利金。由于预期寿命越来越长，越来越多的退休专家建议，中等收入的退休人员等到 70 岁再领取社会安全福利金，这个时候他们领取福利金的额度可以超过全额。[4] 领取福利的初始时间不必和退休时间重合，但是社会安全福利与老人医疗保险似乎确实对人们选择退休年龄有所影响，一个特别的原因是，大部分人的退休收入有很大一部分来自社会安全福利金。不过，福利并非唯一因素：根据皮尤慈善信托基金会（Pew Charitable Trusts）在 2016 年的调查，几乎三分之二的美国工人表示，他们计划工作到 65 岁之后。[5] 但这只是人们**预期**的退休年龄，并非他们的实际退休年龄。

实际退休年龄往往更低，因为人们有时候没有在计划的年龄退休，而是提早，常常是因为意料之外的失业或伤病。这种非自愿的退休不可小觑，因为近年来有超过一半的退休人员是这种情况。根据一项对近 14,000 名刚退休工人的研究，2014 年的退休人员中，有 39% 是被迫退休，另有 16% 是"部分被迫"。这些数字如果正确，非自愿退休的美国人要比正规统计数据显示的多得多。针对老年工人的年龄歧视加上对非自愿失业的污名化，明显会导致一些人号称自己是主动退休；实际上，他们只是被迫失业，并且找不到新的工作。[6] 无论原因是什么，美国最普遍的退休年龄实际上是 62 岁，[7] 这是退休年龄中位数，[8]也是美国人开始领取社会安全福利金的年龄。

那么，你到底应该在什么时候动用存款呢？换句话说，如果你的净资产峰点是个日期，那如此重要的一个日期究竟是何时？这与衡量你整体健康状况的生理年龄有关。假设有两个50岁（这是她们的实际年龄）的人，其中一个的生理年龄可能是40岁，另一个的生理年龄可能是65岁。跟较为"年长"、身体较差的第二个人（我们姑且称她为"贝蒂"）比起来，较为"年轻"的这个人（称为"安妮"）不仅会活得更久，享受体育活动及心智活动的年限也将更长。安妮未来有更多美好时光去享受体验，因此她的峰点应该比贝蒂晚一点，也就是说，在安妮开始消耗净资产、朝着归零目标努力之前，她持续存钱、增加存款的时间应该比贝蒂长一点。

在研究这个问题的过程中，我和同事们为十几个像安妮及贝蒂这样的"假设对象"做了收支模拟，包括了不同的健康状况、收入增长速度及利率场景。所有这些因素共同作用，将产生各种不同的净资产曲线。结果就是，我们为每个人都生成了一条最佳的净资产曲线，每个人在最后都严格实现了死前归零，也就是说，每个人的净资产峰点都落在了他们生前的某个时间。我们得到的结论是，对大多数人来说，最佳的净资产峰点落在45—60岁之间。

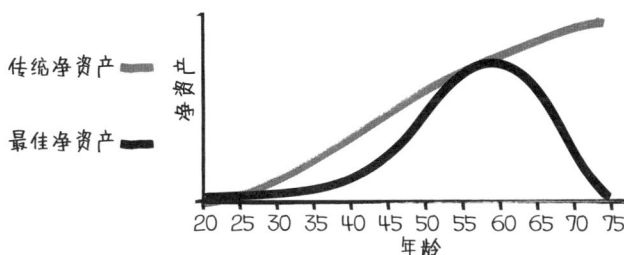

图 10　净资产积累

传统净资产

最佳净资产

（纵轴：净资产；横轴：年龄 20 25 30 35 40 45 50 55 60 65 70 75）

　　传统上，人们在停止工作之前持续增加净资产，即使在退休之后，也害怕动用太多本金。但是，为了让辛苦赚来的钱发挥最大效用，你必须早一点动用存款（对大多数人来说，要在 45—60 岁开始消耗存款），这样才能实现理论上的死前归零

　　下面我深入说明一下。首先要说明的是 45 岁和 60 岁是实际年龄。就像安妮和贝蒂的例子，如果一个人身体极好（因此，其生理年龄比实际年龄小），峰点就处于这个范围的后端。对于那些超级健康、真正与众不同的人，峰点甚至可能超过 60 岁。如果一个人身患疾病、命不久矣，很明显，其峰点应在 45 岁之前。但一般来说，大部分人的峰点落在 45—60 岁。我们的模拟也表明：对大多数人来说，过了这个年龄范围再动用存款，将导致非最优的充实感结果，因为他们死前不能归零，没有时间去实现许多能带来充实感的体验。

　　显然，收入增长对一个人的峰点也有重大影响。收入快速增长的人会早一点迎来峰点；收入处于另一个极端的人，如果想要在退休后拥有一些"随心所欲"的体验，就需要一直存钱到近 70 岁，甚至更晚。但是，再强调一次，大部分人的峰点在 45—60 岁。

对你来说，这有何意义呢？这意味着，除非你真的与众不同，相比惯常建议的时间，你开始消耗资产的时间要比现在预期的提前很多。如果你等到 65 岁才动用存款，几乎可以肯定的是，你的工作时间将过剩，赚来的钱绝对花不完；甚至，等到 62 岁动用，也是如此。想想就觉得悲哀：累死累活地工作，到头来是竹篮打水。

不要误解我的意思；我说的不是你应该在何时退休——这个问题我将在下一节展开论述，而是应在何时开始支出大于收入。

"但是，我热爱我的工作！"第二话

我刚开始讨论死前归零时，说到过一类提出反对意见而且理由很充分的人——他们享受自己工作，所以，"快乐工作"赚到的钱，就算活着的时候不用，又有什么伤害呢？当时我就说过，最优化不关心钱是怎么赚的——一旦你赚到钱，你就不能辜负自己，得明智地把钱花掉。

当我说到"一旦达到峰点就开始消耗"时，又碰到这个问题的另一个版本："没搞错吧，你真的希望我辞掉一份我热爱的工作，只因为到了某个神奇的日期？"我的答案是否定的。你如果想继续工作，那就继续工作，只是一定要相应地提高支出，不要在死前留下太多钱就行；否则就是浪费，无论你多么喜欢自己的工作都是浪费。

我知道我们中间有些幸运的人确实"过着理想人生"，他们从事着自己一直梦寐以求的工作。他们就是那种每天迫不及待想去工作，晚上要下班回家会心情不好的"稀有物种"。他们真心热爱自己的工作。但是，我要再强调一次，这种人非常稀有。你或许是其中一员，可如果你不是这样的幸运儿，如果你更喜欢拿到手的工资，而不是每天坐办公室的体验，那么，对你人生做一次"灵魂拷问"的时候到了——你要想清楚自己真正想从人生里获得什么？

我们"以工作为重"的文化就像一种"迷魂药"。它夺走你对探索、求知与体验的所有渴望，承诺给你资源（金钱）去获得所有这些东西，让你不经思索一门心思扑在工作与金钱上，忘了你最初的渴望。毒药变成解药——这太不可思议了！

如果你想要的就是能在死前抱着一堆钱，那你或许是求仁得仁。不过请记住，我从未见过有人将自己的总资产刻在墓碑之上。难道你不想搞清楚自己想要哪些独一无二的体验吗？它们是你个人未来的珍贵回忆——不仅仅是为了你自己，也是为了你的家人及所爱之人。我之所以决定斥巨资举办那个盛大的45岁生日派对，原因正在于此。

我曾和朋友安迪·施瓦茨聊过这个话题。安迪是黏合剂（即胶水）行业的成功企业家。他55岁左右，已婚，育有三个子女，大的二十多岁，小的十几岁。尽管已经可以退休，但是他无意退休，原因很多：他的工作依然具有挑战性，能激发他的思维，他喜欢和业内人士待在一起，以及他觉得要为员工的经济状况负责。他说："如果我不喜欢，如果我觉得这是折磨，我会把公司卖掉，全身而退。"

也就是说，安迪并非那种只是因为担心退休金不够而工作的人。他热爱自己的事业，享受业务的增长。对他来说，事业本身就能带来丰富的人生体验。

如果你问他，你已经这么有钱了，为什么还要继续赚钱，他会提到自己的孙辈，他希望让他们衣食无忧；再就是他关心的慈善事业，例如捐给他的高中和大学。

"好吧，"我说，"很高兴你感到满意，所以，继续工作赚更多钱吧，但是一定要现在花掉！如果你想捐钱给高中或大学，现在就捐吧；如果你想要留钱给子女及未来的孙辈，现在就开始做吧（对于目前太年轻的子女，成立一个信托基金）；剩下的钱就留给自己，用它们过上你能力范围内最好的生活吧。"

我跟安迪说完这些，他说自己的品味并不昂贵。他声称自己过着非常低调、朴实的生活。我回道："如果你除了工作和抚养小孩之外没有尝试太多别的事情，你怎么知道自己的品味是什么？"事实是，安迪的事业占了他人生的很大一部分，需要他投入太多心力，他根本就没想过用独特、新颖且令人兴奋的方式去花钱。

但是，如果有人给他出道难题，让他花掉 30 万美元，而且要花在与工作完全无关、只是为了获得乐趣的事情上，他会被迫改变思维方式，他绝对会发现新的爱好与追求。不过，我并不是鼓励安迪为了花钱而花钱，而是让他尽可能变成最完整、最充实的那个自己。

首先，他可以和妻子一起列出他们最爱的音乐团体。为什么不选个周末飞去看一场他们的现场演出？或者花几百美元成为 TED 的赞助会员，这样就可以进入 TED 大会现场，在那里，安迪可以见到许多领域的时彦奇士。只要去一趟 TED，与这些杰出人物交谈，他将发现 13 个可以考虑的不同人生目标及方向！

相信我，花大手笔做自己喜欢的事真的没那么难，但是，你首先确实需要花一点时间主动厘清那些"诱人"支出的真正意义。行为经济学家梅尔·斯特曼（Meir Statman）曾以自己为例讨论过这个问题，他说乘坐商务舱旅行绝对物有所值，但是吃高级料理就截然不同了。"我吃得起 300 美元一顿的大餐，但是那会让我觉得自己很蠢，就感觉大厨会在后厨笑得很大声。"[9] 重点是，你怎么花钱由你决定。你花点心思想想自己重视什么并为之花钱，真的不亏。

所以，你如果还想继续工作，但是又想在死前钱尽其用，那就从现在开始增加支出！

要想在黄金年华早期继续工作的情况下，仍能最大限度获得体验，还有一个策略是可行的：减少工作时间。如果你运气够好，你的雇主提供正式的"分阶段退休"计划，那千万要研究一下。遗憾的是，根据美国政府问责局（U.S. Government Accountability Office）2017 年的一项报告，仅有约 5% 的雇主提供类似计划。不过，在某些行业这一比例要高一些，例如教育和高科技行业。[10] 好消息是，越来越多的雇主推出了非正式的计划，即管理层为优秀员工及拥有紧缺技能的雇员提供分阶段退休计划。这很好理解：你对现任雇主的价值越大，他们越有可能按你的条件与你合作。[11]

简而言之，保持警惕，不要一直被金钱诱惑。被人欣赏且薪酬优越确实让人感觉良好，看重你的雇主可能以此诱使你延长工作时间，但这不符合你的最佳利益。这样的诱惑很难拒绝：毕竟，如果你是一个 55 岁的高价值员工，那么很可能你的时薪比以往任何时候都要高。但是要记住，你的目标不是最大化财富，而是最大化人生体验。对大多数人来说，这都是一个巨大的转变。

"散财"挑战

你一旦最终确定自己的净资产峰点，就必须开始消耗资产，或称"散财"。这意味着相比人们惯常的做法，你要在真正的黄金年华花更多钱，也就是在身体和财富都还算不错的 45—60 岁，因为大部分为了未来存钱的人往往存到"为时太晚"。

图 11　一生的支出

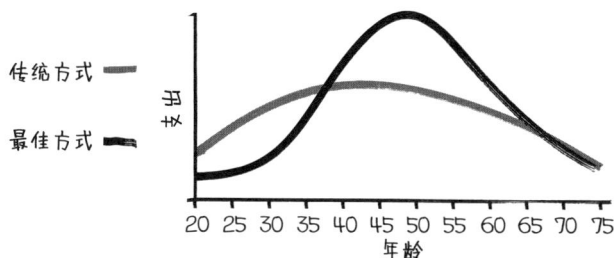

无论你是按最佳方式花钱，还是按大多数人的传统方式，一旦上了年纪，支出就会比中年时期低，因为老年人的身体已不允许在体验上花同样的钱。因此，除非你在中年时期花的钱比大多数人多很多，否则不可能死前归零

　　现在回过头再想想时间分段的概念。当我首次介绍这一工具时，我让你先把钱的问题放一边，这样你就能发现，大部分体验自然而然地形成一条稍稍向左倾斜的钟形曲线，即偏向你年轻的时候。但是，如果你开始为自己想要实现的体验明码标价，又会如何呢？此时，曲线将向右偏一点，因为随着身体开始自然衰退，你的财富多半会增长，这就表示你将拥有更多可自由支配的收入去收获高品质的体验。例如，你既喜欢去电影院看电影，也喜欢去剧场看戏，你几乎可以在任何年纪做这两件事，也就是说你可以将这两项爱好贯穿一生。但是，你一旦开始思考钱的问题，就无法忽视一个事实：进剧场的票价往

往比电影票价高得多。这意味着为了获得最多快乐，你最好把剧场体验往横轴右边挪一挪，等到你年纪更大一点、更有钱一点再去。但是，也**不能**挪到太右边，不能等到年纪大到听不清演员的台词或者无法排队等候洗手间——人生到了这个阶段，你肯定更愿意待在家里看《危险边缘》或者《黄金女郎》(*The Golden Girls*) 的重播。[12]

当你为体验明码标价时，很可能还会得出另一个结论：相比于你听到的建议存款数额，退休实际需要的钱数往往低得多。例如，如果有人跟你说，退休后，每年你将需要的钱是退休前年收入的80%或者更多，在仔细查看你为自己七八十岁或者更大年纪列出的那些活动之后，你很可能会发现，那时真的花不了那么多钱，远远不到你退休前支出的80%。(回想一下第3章关于"失活之年"的研究。) 有一些对身体状况要求不高的活动很昂贵，例如去歌剧院听歌剧，但是，你不太可能5年去听70次。在人生某个阶段，你对存款的消耗将无法超过某个数额，因此不要存太多钱，要想着提早将钱花掉。

但是，就算你将钱纳入考虑，曲线也不会偏右。你会发现你想要的绝大部分体验都是发生在中年前后20年，换句话说，大约是在20—60岁。人们针对存钱退休的讨论太多太多，但是，对于存钱实现那些需要在典型退休年龄之前早早实现的美好、难忘体验，却谈得太少太少。你去看看退休广告宣传的那些事情，例如一对爱侣牵手漫步在唯美海滩、一个小孩坐在一个男子肩膀上，你会发现，实际上你希望自己在退休之前就实现了里面大部分事情。

我并不是说，你要在 60 岁之前把钱花光。过了这个年龄，你绝对还是需要收入，所以，你还在工作赚钱时，最好为日后不再工作的那些日子存钱。只是你要意识到，时间一去不复返，随着时间流逝，某些体验就再也没有机会去实现。你在规划自己未来时如果能记住这一点，就更有可能充分利用自己人生的每一年。

知道自己的财力足够度过余生（通过做一些生存计算），应该能让你安心地从现在开始大幅提高支出。但是，即便如此，心理上从存钱模式转为花钱模式并不容易。改变根深蒂固的习惯从来就不容易：如果你过去一直是个坚定、优秀、可靠的"存钱人"，突然改弦更张会很难。对于习惯了积累财富的人来说，"散财"不会是一件信手拈来的事——毕竟，旧习难改。

但是，如果你想要善用自己的生命能量，"散财"绝对是必不可少的。要时刻提醒自己钱财带不走，未能在适当时机花掉的每一分钱，之后都会大大贬值；在有些情况下，它们将白白浪费，不能给你带来任何快乐。

还要记得为自己的健康投资，即使你以前没怎么投资，现在也要开始。我前面解释过，健康状况将大大改变一个人享受各种体验的能力。因此，无论是加入一个豪华的健身房（你早就想要去的那种），还是找一个私人教练或者跟着健身视频练，花费时间与金钱改善或至少是维持健康，绝对值得。

我的一个姐姐蒂亚真的把这个建议听进去了。她 57 岁了，仍在经营家族生意，但是她改变了自己的办公方式，不再像以前那样一天坐 9 小时或 10 小时。她知道每个人的肌肉都会随年龄增长而萎缩，因此她每个星期会做好几次抗阻力训练来延缓退化速度。她还会定期游泳，以及上动感单车课。她动起来了！蒂亚短期内不打算跑马拉松，但是通过这些健康投资，她正积极改变自己目前以及未来的人生体验。

重新为人生分段

在人生旅途中，你的兴趣会改变，还会遇到新的人，因此建议每隔一段时间就重复一次时间分段练习，例如每 5 年或每 10 年一次。

一个极为重要的重新为人生分段的时间点是接近净资产峰点的时候。许多中年人已经忘了过去能带给他们充实感的是什么，他们忙于打拼事业及照顾子女，也无暇探索新的兴趣。结果就是，许多人退休时，并不很清楚那么多自由时间要用来做什么。还有可能，他们有一些很具体的想法，通常是想要去哪旅游，但是也只限于头一两年。一段时间之后，他们通常会陷入迷茫，感觉没有目标，甚至可能急于回去工作。他们知道，工作可以唤回内在的目标感、归属感及成就感。在最糟的情况下，这种没有目标的感觉甚至可能导致焦虑和抑郁。

所以，在你辞掉或减少工作之前，好好想一想一旦工作不再是你每天生活的重点之后，你想要做什么。是否想要重新捡某个长期搁置的爱好？有没有想要重新联系某个特别的老朋友？想要学习一项新技能，还是加入某个俱乐部？你真心希望参与哪些冒险活动，希望什么时候去实现？把它们放在合适的分段里，开始创造新的回忆。

建　议

◎ 根据你规划中退休后的定居地点，计算你的**年生存成本**。

◎ 咨询医生，确定你的生理年龄与死亡风险；接受所有你能负担的检查，以了解你目前的状况，并预估最终的衰退状况。

◎ 根据你的健康状况及病史，思考你享受哪些活动的能力可能从什么时候开始比前一年显著下降，以及这样的衰退将如何影响你喜欢的活动。

9

要大胆，而不是愚蠢

准则9 | 在没什么可失去时，冒最大的险

马克·库班（Mark Cuban）是 NBA 达拉斯独行侠队
（Dallas Mavericks）的老板，也是《创智赢家》（*Shark Tank*）
节目的投资人"鲨鱼"之一。他很小就学会了创业：他12岁
时就向邻居兜售垃圾袋；16岁时，他倒卖邮票赚钱。库班出生
在匹兹堡一个工薪阶层家庭，他记得母亲让他学一门手艺，例
如铺设地毯。然而，库班进了大学后选了工商管理专业，他刚
开始通过教迪斯科赚学费，后来又盘下一家校园酒吧。可是，
因为未成年人饮酒问题，酒吧被警察关闭，库班毕业时依然身
无分文，但是他已经具备了在商场上纵横驰骋的技能与自信。

因此，在家乡一家银行短暂工作一段时间后，23岁的库班将少得可怜的行李塞进一辆老旧的菲亚特汽车，开车去达拉斯投靠大学时期的一个朋友——这个朋友曾跟他大力称赞达拉斯。库班和这个朋友及另外四个人合租一间公寓，当时库班睡在一个睡袋里，睡袋铺在客厅地毯上，地毯上还有啤酒污迹。他努力赚钱，同时兼两份职，又当酒保，又在软件店做销售员。

后来，他因为在店里违抗老板而被解雇，而后开始计划自己开公司。于是，一家名为MicroSolutions的计算机咨询公司诞生了。过了几年，在他32岁时，他以600万美元的价格将这家公司转手并退休了5年。

当你没什么（或只有很少的东西）可失去时，去搏一把

最终，库班提早退休，并开启了他的亿万富豪之旅，但是这超出了我要讨论的范围。马克·库班的经历中最让我感兴趣的部分是，他似乎没觉得促使他成功的种种大胆行为是冒险，包括只身前往达拉斯，在那里找到工作，违抗老板，以及被开除后自己开公司。"我一无所有，"他回忆说，"因此我没有什么可失去，对吧？只要去做就行了。"

库班的意思是，他面对的是一种名为"非对称风险"的情形，也就是可能成功的收益远大于可能失败的损失。面对非对称风险，大胆一点抓住机会完全在情理之中。极端的情况是，

当损失微不足道（或者不存在，也就是"没什么可失去"），而收益非常高时，**放弃**大胆的行为实际上风险更大。试都不试一下，可能带来情绪上的损失：一辈子都生活在悔恨之中，想着**如果我当时尝试了会是什么情况呢**？就算没有成功，抓住机会的好处也总是包含情绪收益。全心全意追逐一个重要目标会带来一种强烈的自豪感。当你全身心投入一件事，无论结果如何，都会从中获得许多正面回忆。这是另一种形式的"回忆红利"：无论你在何时回望自己的人生，你都会正面评价自己的行为。换句话说，就算最终结果不如预期的体验，也会产生正面的回忆红利。也就是说，"大胆"是对未来幸福的一种投资，因此是另一种最大化曲线下面积的方式。

大部分机会不会是极端的非对称风险，但是如果你深入想一想，常常就会发现损失没有你想象的那么大。

越年轻，就应该越大胆

请记住我有关投资体验的论述，特别是在你年轻的时候。我的观点是，投资体验总是好的，年轻时投资体验尤其好。同样的逻辑也适用于冒险：年纪越大，有些冒险就更多是愚蠢而非大胆。

拿身体冒险就是显而易见的例子。我小时候常常从车库屋顶跳下去，这很好玩，我也从没受过伤，这事甚至都谈不上是冒险。但是，如果我现在再用自己 50 岁的身体从屋顶跳下去，那就是愚不可及了：我体重增加，而膝盖承受撞击的能力大不如前。因此，我如果真的跳了，很可能进医院，就算伤势不会造成永久性伤害，完全康复也要花很长时间。换句话说，这样纵身一跳会让我得不偿失——从车库顶上跳下的日子已离我远去。

许多事情都是如此，风险与回报之间的平衡随时间的推移而变化，直到机会窗口永远关闭。年轻时的每一次冒险，如果成功，回报都会异常丰厚，收益巨大；与之相反，损失（换句话说，冒险后没有成功）则会非常小，因为你有大把时间去复原。拿打扑克来打比方，有时候你可以购买更多筹码或者充钱"补血"。年轻人就是处在人生的类似阶段，你可以不断地"补血"再"补血"。

因此，任何失败造成的长期影响都很小。我 23 岁时在一家投资银行做初级交易员，后来因故被辞退。这份工作给我的训练符合我对自己职业生涯的向往，但是，有一天我上班上累了，就把头靠在办公椅上休息了一下，结果被抓个正着，我的工作就这么泡汤了。我很害怕，对接下来要做什么心里没底，下个月如果找不到工作不是闹着玩的。然后我找到了一份经纪人的工作，这份工作的工资很高，但不是我真正想要的，我想做的是交易员。不过，我知道自己不能没工作，我觉得可以看看这次经纪人之旅会把我带向哪里。我只有 23 岁，要纠正方向很容易。就算我没有找到这份经纪人的工作，就算我是一个凄惨的失败者，我也不会死，不会沦落到去食物救济站排队领吃的。

请注意，我的意思不是说，在非对称风险下大胆行事总会成功，就像马克·库班那样。有时候无论你多么努力，仍会事与愿违。我的意思是，"失败"是值得的，因为我知道自己几乎没什么可失去，所以值得一搏，我有太多时间去纠正，而且依然能获得一些很棒的回忆。

职业选择

假设你想要做演员，但是你知道这个领域竞争非常激烈——去好莱坞追梦的人，大部分都追梦失败，只能在面试间隙做服务员，而在表演事业之外，你的备选职业是一份不能激发你热情的在办公室里的稳定工作，你要抛开稳定工作勇闯好莱坞吗？这几乎完全取决于你的年龄，而不是父母对你的期望，或者朋友的看法。如果你刚20出头，你应该放手一搏！全力以赴，真正为自己的理想竭尽全力。你可以给自己几年时间，如果不行，你还是可以回去做办公室工作，或者去学校学一门手艺。

曾经是童星的杰夫·科恩（Jeff Cohen）在表演事业受阻时就是这么做的。如果你看过1985年上映的儿童寻宝电影

《七宝奇谋》(*The Goonies*)，应该会记得里面的查克，他是那几个不合群小孩中胖胖的那个。查克是科恩的突破性角色，在那之前，他的演艺事业仅限于电视节目及广告中的一些小角色。《七宝奇谋》之后，看着就喜庆的科恩似乎已踏上好莱坞的康庄大道，但是新角色并未如期而至。到底是怎么回事呢？科恩总是笑着说，青春期让他"从小胖墩变成了壮汉"。好莱坞充斥着昔日童星的悲伤故事，但幸运的是，科恩的故事并不悲伤。他上了大学，读了法学院，精通娱乐法，现在是他自己律所的合伙人。[1] 所以，他的演艺事业高开低走又如何呢？

另一方面，如果你已 50 多岁，那闯荡好莱坞就不怎么妙了。这个时候，你生命中很可能有些人是真正倚靠你的，例如配偶或小孩。如果是这样，你的失败就不只是你的失败，还会影响到其他人。正是出于这个原因，我在有了小孩后就不再骑摩托车，不再上飞行课了。在我看来，我不再拥有为了刺激铤而走险的权利。无论何种风险都是如此：你年纪越大，你失去的就会越多。而且，不仅赌注更高，潜在的回报也更低！因此，即便你是孤家寡人或者你的小孩已经长大离家，在你上了年纪之后，风险-回报平衡依然不是站在你这一边的。最好的情况是，一切都超级顺利，你获得成功，但享受成功的时间将短得多。那么，你何不早一点去"大冒险"呢？

我不认为 50 多岁的人开始追梦是愚蠢的，因为每个人的处境不同，如果你年轻时错失了逐梦机会，你觉得即将到来的退休时光是你最后的机会，我会说：晚追总比不追好。但是，如果我们能回到过去，我会说：不要等。现在就大胆抉择，而不是等到退休后，因为"活力之年"非常短暂。一般来说，"等我退休了就去做某事"这种话整个就大错特错。可如果你已经犯了这个错，就去做吧，好好利用你拥有的时间。

但是，太多人没能好好利用**可以轻松冒险**的那些时间。我认为原因在于他们放大了负面结果，他们想象那些差到不能再差的情形，例如无家可归，即使这种情形几乎不可能发生。这种恐惧思维造成的结果就是，他们无法意识到自己面临的是非对称风险：在他们看来，灾难级失败的可能性跟任何一种成功的可能性一样高。

几年前，我和一个叫克里斯汀的年轻人聊天。她的工作是厨房塑料台面销售员。销售台面本身没有问题，无论是塑料的还是别的什么材质，肯定会有销售员因为帮助客户精准找到适合他们的台面，而获得巨大的满足感。但是克里斯汀并非其中一员，主要是因为她的老板并不认可她的辛勤工作。她的假期也非常少。这份工作让她很不开心，我让她大胆一点，辞掉工作。直接裸辞，甚至都不用找到下家，因为为了做好那份销售工作已经让她没时间找新工作。可是她非常担心裸辞后难以找到新工作。很多雇主确实不敢雇佣失业的人，因此辞职对她来说是个风险。但是，她只有 25 岁，我劝她说，这个年纪够年轻，冒点险没问题。在她想清楚自己真正想要做的事情之前，只要愿意，她隔天就可以找一份服务员工作。换句话说，她面临的后果并没有她想象的那么糟。另外，她现在不冒险，更待何时？

她采纳我的建议，裸辞了。之后，她做过不少工作，包括另一份她讨厌但年薪达 15 万美元的工作。（这份工作让她苦不堪言，于是辞职了，可是两周后又回去了。）结论就是，年轻时有资本冒很多险，因为你有太多时间去复原，就算你摔倒很多次，摔得很严重，也能安然无恙地再次归来。

当然，找到下家后再辞职总是更加容易，但是，我也跟克里斯汀说过，不是什么事容易你就应该做什么。不要让困难阻挡你过最好的生活！

量化恐惧：以"去外地工作"为例

人们回避大胆行动，最常见的一种表现是抗拒搬家及旅行。许多人甚至都没考虑过搬去另一座城市，当出现一个远离家乡的机会时，我经常听到的说法包括"在那里我一个人都不认识""我希望待在我妈身边"。让我惊讶的是，有人按部就班，不寻求任何新的人生冒险，只因为害怕远离那两三个人，这就相当于让这两三个人决定了你要住在哪里。

不是说你不应该在乎关系的维系，而是说，如果你理性思考这个问题，可能就会发现你可以在冒险的同时，依然维系美好的关系，此外还可以去新的地方结识新的朋友。那么，如何才能理性思考这一问题呢？我的答案是：量化每一个恐惧。

例如，假设现在有一个激动人心的工作机会，年薪比你当下的工作高 7 万美元，但你要搬去国内（或国外）某个地方，而你担心与亲友的关系变得疏远。

我听到这种事的时候会问几个问题。其中一个是：你与他们在一起的时间有多长？答案是往往并没有那么长，因为对近在眼前的人，我们很可能会觉得稀松平常。另一个问题是：两地之间随时往返的头等舱机票多少钱？这是你见那些亲友的最高成本，那么，且不谈离家可能得到的其他收获，单说这个价格与你新的工资相比如何？即使在做了这些计算之后，有人依然决定保持现状不动。当然，这是他们的选择，但是我要指出的是，他们的做法相当于为了不去外地而放弃了 7 万年薪。

如果我不愿意挪动地方，我可能就错过了我这辈子最大的事业机会。当时我 25 岁，做着场外经纪人，两年前被解雇后，我找到了这份新工作。我是天然气经纪人，薪水很高，大约是我大学毕业后首份工作的 10 到 15 倍。我喜欢高工资，但是我讨厌那份工作。我讨厌拨打推销电话，我能否成功很大程度上取决于我的推销对象是否喜欢我——我讨厌这种感觉。经纪人这一职业的性质也决定了无论我表现得多好，我的上限也就那样。我拥有一些控制权，但是达不到我的期望，这也是我想做交易员的原因。如果说经纪人像房产中介，那么交易员就像买卖房子的人，承担所有风险，也拿走所有回报。

　　结果，成为交易员的机会来得出其不意。作为经纪人工作的一部分，有一次我出差去得克萨斯州见一个客户，我原本以为这只是一次普普通通的出差，没想到竟然是一场面试：出差到最后，那个客户提出让我去他公司做首席期权交易员！我记得我还跟他讨价还价了，就好像我不确定是否想要接受这份工作。但我心里想的却是，**我的行李在哪？我现在就要搬过来！**

　　其他人不理解我为何要辞掉纽约一份轻松好赚的工作，接受一份不知道能不能赚到钱的高风险工作，而且还要搬去得州！我承认我对得州有一些刻板印象，实际上对梅森-迪克森线 [1] 以南的地方统统都有，尤其我还是一个黑人。但是，对交易员可能带来的巨额财富如此渴求，我可以不惜一切代价把握住这个机会——就算不得不搬去西伯利亚，我也愿意。我还知道，如果不接受这份工作，我会恨自己。而且，我有什么可失去的呢？就算不成功，我还是可以回纽约，重新做回经纪人。我知道，至少我尝试了，这会让我下半辈子都为自己感到骄傲，会让我觉得自己的人生更有意义。从这个角度看，就算是"负面"体验，也能带来正面的回忆红利。² 一句话，利多弊少。

---

[1] 梅森-迪克森线（Mason-Dixon line）为美国宾夕法尼亚州与马里兰州、马里兰州与特拉华州之间的分界线，于1763年至1767年由英国测量家查尔斯·梅森和测量家、天文学家杰里迈亚·迪克森共同勘测后确定。美国内战期间，它成为自由州（北）与蓄奴州（南）的界线。——编者注

结果，一切顺利：我做交易员做得很成功，还爱上了得州。我去休斯敦入职一周后，我和经理去了一场慈善拍卖会，我们拍下了一匹马和一把猎枪。所以，有那么一段时间，我和经理共同拥有一匹马，我在纽约的朋友们都觉得匪夷所思。现在我已不再拥有那匹马，但我仍然拥有那把经典的猎枪。我依然和纽约的朋友保持联系，与此同时，我在休斯敦也过得很开心，找到了许多志同道合之人。

我知道读到这里，可能会有人忍不住想怼我：比尔，你说**起来轻巧**。不是每个人都能找到一份赚那么多的交易员工作，肯定也不是每个人一开始就拥有一份轻松好赚的工作。但是，我经历背后的逻辑在任何"尺度"上都适用，从辞掉年薪六位数工作的人、可以从有钱父母那里借钱的人，到身无分文的人，统统适用。在汉堡王工作的男子上夜校学习电脑编程、一名女子与朋友合伙做餐车生意，都属于大胆行为，只不过"规模"较小。在所有这些例子中，主人公都可以选择默默忍受痛苦的安全路径，也可以选择不确定性增加但经济上及心理上的潜在回报都更高的大胆路径。

上了年纪，如何大胆?

本章前面谈论的内容都是年轻时要大胆一点，但是上了年纪也可以大胆，这需要你勇于花掉辛苦赚来的钱。你必须有勇气去做我在第 8 章《了解你的峰点》里描述的事情。有勇气结束一项事业，这样你才能用剩下的时间去做更加充实的事情。相比于浪费人生，人们更加担心钱被花光；你的思维必须倒过来，你最大的恐惧应该是时间与人生被浪费，而不是"到了80 岁我还能有多少多少钱"这个问题。

那要是我厌恶风险呢？

我理解对风险的恐惧，因为我母亲就是这样的人：她是一名教师，为州政府工作，她一直希望我也找一份公务员之类的工作。我们为了所谓的"工作保障"问题没少发生争吵，她总是说，政府工作可以给你保障，这是衡量"稳定"的一个重要指标。我想要的恰恰相反，总想着"用套索摘下月亮"。我觉得，如果邮局一直需要招人，总能提供一份稳定的收入，那么，如果我别的工作全都失败了，还是可以去邮局工作，但是没有必要从**一开始**就去邮局上班。

不过，我能理解我母亲这种性格从何而来：她是一个非裔美国女性，出生在"大萧条"之后，她出生后很多年才迎来民权时代。对她来说，人生没有公平可言，这个世界似乎一直在追赶她，所以，她把"稳定"排在首位完全在情理之中。实际上，她的母亲，也就是我的外婆更加担惊受怕。我永远忘不掉，当我攒够人生第一个 100 万时，母亲跟我说的那句话：

"不要告诉你的外婆，因为她只会担心你会守不住这笔钱。"

所以，我能理解一个人的成长背景会让这个人变得小心谨慎。每个人的风险容忍度不同，是很自然的事，也没什么问题。我不会建议你应该冒多少险，但是我要说的是如下三点。

第一，无论你能忍受多大的风险，无论你打算为自己的人生做出多么胆大的举动，一般来说，早一点行动对你更有利，利多弊少。

第二，不要低估无所行动的风险。保持现状而不是大胆冒险，感觉很安全，但是想想你可能失去的东西：如果你能更大胆一点，会不会过一种不同的人生？你获得了某种安全感，但也失去了体验积分。例如，你要知道如果回避某些风险，你将获得 7,000 点体验积分，而不是 10,000 点，这意味着你的人生充实感少了 30%。如果你觉得少掉 30% 充实感是值得的，因为获得了内心的平静，好吧，这也没毛病。例如我的外婆，如果她过一种更加大胆的人生，那她晚上就睡不着觉了，因此我无权苛责她。冒多少险是你自己个人的选择，我只希望你了解自己做出的决定，以及由此带来的所有结果。

第三，我要提醒你的是低风险容忍度和单纯的习惯性恐惧。恐惧往往会让你夸大实际风险。如果你对大胆举动已形成下意识的恐惧反应，那你应该仔细想想最坏的情形。然后，当你想想自己拥有的所有安全网之后，从失业保险、可以应对各种灾难的私人保险，到家人可以提供的略显老套但有用的帮助，最坏的情形很可能就没你想的那么糟了。如果是这样，你的损失往往就非常有限，但是收益可能是无限的。

建　议

◎ 找出那些对你来说几乎无风险但你没有抓住的机会。时刻记住趁年轻时多多把握机会对你更好。

◎ 审视那些让你退缩的恐惧，无论是合理还是不合理的恐惧。不要让不合理的恐惧成为你追梦的拦路石。

◎ 要记住任何时候你都要有所选择。你做出的选择反映了你看重什么、不看重什么，因此一定要审慎地做出选择。

结论：不可能的任务，值得追求的目标

　　我给你布置了一项不可能的任务：死前归零。就算你遵循本书阐述的每一条准则，密切监控自己的健康及预期寿命，每天都重新计算自己的财务状况，你还是无法严格达成归零的目标。当你咽下最后一口气时，你口袋里可能还有几块钱，甚至银行里可能还有几百块钱。所以严格来说，你未能实现死前归零。这是不可避免的，不过并无不妥。

　　为什么呢？因为这个目标完成了它真正的使命，即促使你走在正确的方向。瞄准死前归零这个目标，你将永远改变你随波逐流的人生态度，从关注赚钱、存钱、财富最大化，转变为度过能力范围内最好的一生。死前归零这个目标之所以值得追求，其原因就在于此。牢记这一目标，你肯定可以度过更为充

实的一生。

数百万人每周去教堂或寺庙，希望自己能接近耶稣或摩西，还有更多人效仿穆罕默德，可是大部分情况都收效甚微。这很合理，人无完人，我们中间最高尚的人也未必时时善良，时时明智，时时勇敢。但是，追随这些"典范"，我们确实不至于迷失方向。我们至少会变得更善良、更明智、更勇敢一点。死前归零这个目标也是如此：就算再努力，你也永远不可能严格实现，但是比起完全不尝试，希望你可以"虽不中亦不远"。所以去吧，不仅要度过最充实的一生，还要珍惜你仅有的一次人生。

我希望我的论述至少能让你反思标准的、传统的生活方式，找一份好工作，无穷无尽的辛勤工作，然后六七十岁时退休，最后消磨完所谓的"黄金年华"。

但是我依然要问你：为什么要等到身体状况和生命能量开始衰退的时候呢？与其一门心思想着多存点钱——很可能这辈子都花不完的钱，不如**现在**就开始淋漓尽致地生活：去创造难忘的人生体验，在钱能发挥最大效用的时候把钱交给子女，趁活着的时候向慈善组织捐钱。这才是人生正道。

记住，"人生就是不断收集回忆的过程"。

所以，你还等什么呢？

致谢

人人都有想法，有些想法我们见人就说，说到连自己都烦了，例如"我要做某事"。可是，多年后，"某事"变成了另一件被我"雪藏"在拖延清单里的事，一件若无契机，我将永远搁置的事。对我来说，这个契机是见我的医生克里斯·伦纳，他对我观点表现出急切的热情，促使我采取了行动。

在我动笔写作并让全世界评论与思考我的观点之前，我首先必须与我身边最严苛的听众讨论、辩论并打磨我的观点：我最坦诚直率的朋友、家人及同事。每个人都提供了独特且有趣的视角，当他们觉得我疯了的时候，也会直言不讳。在此，我要感谢（排名不分先后）蒂娅·辛克莱、格雷格·惠利、约翰·阿诺尔、库珀·里奇、马克·霍罗威茨、奥马尔·哈尼夫以及丹·比尔泽兰，感谢他们愿意花时间听我的长篇大论并检验我的观点。

拥有深思熟虑的观点是一回事，将它们转化为好读又有说服力的文字是另一回事。为此我需要和一个作家合作，这个作家要能消化我的文字、故事及解释，将它们组织成流畅好读的文本，同时保留我的观点、风格及激情。这个人就是玛丽娜·克拉科夫斯基。我真的很幸运能认识这样一位作家，她从经济学专业出发，对我的观点并不陌生，还能找到支持这些观点的学术研究。她也认识我的经纪人以及陈其一，一个杰出的经济学家，我请他参与了本书的写作。不仅如此，玛丽娜还督促我走过了这段漫长、陌生、有时候非常痛苦的写作历程，让我将一连串复杂的观点转化为一本任何人都能读懂的书。

在拥有了一个专业作家、一组很好的观点及一套看上去很有吸引力的书籍提案之后，我还需要一个可以让这本书触及最多读者的出版商。为此，我需要一个经纪人全力支持我。这个人就是吉姆·莱文。初步接触之后，有五个经纪人表达了合作意向，但我最终选择了吉姆，因为他是唯一一个跟我说你的提案尽管很好，但是还不能直接提交给出版商的，他清楚地解释了背后的原因。我要感谢吉姆，感谢他对这本书特别感兴趣，也是他指引我完成了从书籍提案到出版协议的过程。

我要感谢里克·沃尔夫以及霍顿·米夫林出版公司的整个团队愿意投资我以及这本书，感谢里克愿意编辑一本不容易归类的书，是他帮我们在传达观点时，不至于太咄咄逼人。（我是一个咄咄逼人的人。）

我要感谢文字编辑威尔·帕尔默，他所做的工作远远超出了文字编辑的范畴。

我还要感谢我办公室的人，他们花时间接受了一项调查，提供了一些急需的观点，就人们如何看待这个主题，我有些短视，是他们点醒了我。他们是查尔斯·丹尼斯顿、奥列格·科斯坚科、巴里·尼科尔斯、希尔帕·纯初、洛夫特斯·菲茨沃特及卡桑德拉·克尔奇马，排名不分先后。

要想传达的观点引人共鸣，故事必不可少。在一本讨论应该如何花钱、如何生活的书里，这些故事通常是很私人的，我要感谢我的朋友、家人及其他一些认识的人，感谢他们敞开心扉分享自己的生活，因为他们得为此接受公众的审视及批评。所以，非常感谢埃琳·布罗斯顿·欧文、约翰·阿诺德、贝尔德·克拉夫特、安迪·施瓦茨、杰森·鲁福、乔·法雷尔、波利·西蒙涅洛（绰号"烟熏牛肉"）、克里斯蒂娜·普拉塔尼亚、格雷格·惠利、克里斯·赖利，我的姐姐蒂亚·辛克莱以及我的母亲弗鲁塔·路易丝·迪亚斯。特别感谢弗吉尼亚·科林，她并不认识我但还分享了自己的故事。如果没有他们大方、勇敢的贡献，本书不可能启发或激励任何人。

除了引人共鸣的故事，我还需要为我的观点建立一个正式模型，一种数学表征。行为经济学家陈其一提供了巨大帮助，他不仅提供了模型背后的数学原理，同时解释了结果背后的逻辑。奥马尔·哈尼夫也在建模过程中发挥了关键作用。

本书还使用了一些公开的数据，感谢美国政府的研究，但是以简单易懂的方式呈现这些数据完全是两码事。查尔斯·丹尼斯顿绘制了本书的全部图表，我们无论何时更换数据来源或做出其他修改，查尔斯总能快速满足我们的需求。

我要感谢助理卡桑德拉·克尔奇马帮我安排日程、协调会议、提醒我打电话以及处理日常杂事，感谢她利用自己一如既往的优雅，让我杂乱的生活不至于失控。

许多人读过本书的部分草稿，还给了我反馈。但是请人阅读一本未经编辑的书并提供反馈，特别是负面评论，尤其强人所难。这需要花费很多时间仔细阅读，还需要战战兢兢的责任心，在发现有些内容不够好、有错误、傲慢自大或者单纯就是很烂时能坦诚以告。如果你喜欢本书，全是因为这些勤奋、无畏的早期读者。如果你不喜欢本书，那么，如果不是拉克尔·西格尔、奥马尔·哈尼夫、陈其一、基思·珀金斯、马克·霍罗威茨以及最重要的库珀·里奇，你可能会更加讨厌它。

实际上，有必要单独感谢库珀·里奇。如果说光是阅读我未完成的书稿就是帮了很大的忙，那么翻来覆去读了两遍半是多大的忙！一边阅读，还一边逐页详细做笔记并提出批评！他仔细阅读是想激发出更多观点，并打电话跟我进一步讨论、辩论。之后，还被我请来提供建议。俗话说"好人没好报"，我是真的在"惩罚"库珀。讲真的，他提供的帮助远远超出了我最初的请求，他做出了无比巨大的贡献，让这本书变得更好，他为此付出了太多时间与精力，我表示最崇高的谢意。

我要感谢我的教父约瑟夫·帕内平托先生，他为我打开了一扇机会之门，引导我踏上这次疯狂、美妙的旅程。

我们取得任何成就，都是因为我们站在先辈的肩上，我要感谢我的母亲弗鲁塔·路易丝·迪亚斯和父亲小比尔·帕金斯。

写作本书的记忆已经变得模糊，所以如果有所遗漏，我一并表达歉意与谢忱。

为了这本书，光是思考、讨论或开会所花的时间就无以计数。显然在此期间，其他人无法获得我的关注。这本书是用她们的牺牲换来的，没有我女儿斯凯和布里萨以及女友拉腊·塞巴斯蒂安的爱与耐心，我肯定无法完成此书，她们容许并忍受了我长时间的"精神缺席"。谢谢你们！我回来了！

附录：你一直谈论的这个app长什么样？

本书提供的准则旨在帮你用足自己的金钱与人生，就如何在当下享受与延迟满足之间，在工作赚钱（及投资获益）与花钱获得体验以丰富、充实人生之间取得健康的平衡，给出了一些一般性的原则。

但是，除了遵循基本原则之外，你可能想要更多。对此，我有一个好消息：我和我的团队开发了一款 app，目标是通过采取相同的准则并转换为准确的数学形式来更进一步达到目的。收入、支出、利率、体验积分，所有这些都涉及数字和计算。这些数字可形成许多种组合，要给你一个最充实的人生计划，就要得出它们的最优解，可是最优解要求的计算量在合理时间内非人力可为。比起最有天赋的会计师，一款 app 可以更快、更准确地进行必要的计算。我们的 app 正是这样：你可以输入所有这些数字，它帮你完成所有必要的计算，帮你规划出一个能力范围内体验最丰富的人生。

这里的描述涵盖了最重要的一些功能，但是为了匹配现实场景，未来的版本将更加复杂。

这款 app 能做什么（以及不能做什么）？

我前面解释过，用足生命能量就是要最大化充实曲线下方的面积。但是，如何才能做到呢？没那么容易，因为我们要不断在花钱与赚钱之间做出取舍。例如，假设我们花上一整年时间不工作，只玩乐，那我们可以赚到大量人生体验积分，但花费也很大。具体来说，我们不仅放弃了这一年可以赚到的钱，还包括这笔钱可以赚到的银行利息或其他投资收益。这些钱说不定可以让你在下一年获得更多体验积分。那么，问题来了：现在赚钱以后花是不是更好？或者更准确地说，在你人生的任一时刻，要如何做到赚钱与花钱的合理平衡？这个问题并不容易回答。

因为不容易，所以大部分人不会有意识地思考这样的取舍：往往是要么随性而为；要么只是遵循简单的经验法则，像是"每年存下收入的 10%"或者"在 65 岁退休"。又或者，我们有一天早上醒来，感觉自己工作太多，玩得太少，人已经精疲力竭，因此临时决定好好给自己放个假。有些人可能更有规划，可是我认识的人中，没有人规划整个人生。大多数情况下，我们只是"即兴"做出这些重要的决定：今天赚点，明天花点；为了明年或为了退休存点钱、做点投资；今年这样花钱、明年那样花钱。这可以理解，因为这个问题看着就让人头疼，遵循简单的经验法则至少比完全没有计划要好。但老实说，这样做没法最大化我们的人生体验。

我对这款 app 的期望是，它能帮我们大家最大化人生充实感，也就是让你在人生旅途中，做出力所能及的最佳财务决定。

但是我不想夸大这款 app 的功能。软件有多厉害，取决于输入数据的质量。因此，对于这款 app 来说，至关重要的输入是难以预测的，包括你未来的身体状况及投资回报。说到底，这款 app 只是一个工具，就跟本书介绍的其他工具一样，只是比起时间分段等工具相对更准确、更"数学"一点，但是将这款 app 的精度与总的准确度混为一谈将是很严重的错误。

要更好理解这款 app，可以把它看作一个模拟引擎：一种运行人生"假定场景"的方式。例如，如果你的收入增长了，但投资回报持平会怎样？如果你的身体比大多数人衰退得更快会怎样？使用这款 app，你可以探索改变各种假设会出现什么结果，以及改变各种变量对你人生充实感分数的影响。

换句话说，在人生不同阶段，对于你想要考虑的各种假设组合，在赚钱与获取体验之间分配生命能量的最佳方式是什么？这款 app 可以给出各种不同场景下的答案。

如何获取这款 app

本书的读者可以在配套网站（DieWithZeroBook.com）免费获取这款 app。

如何使用这款 app?

这款 app 简单易用，因为每一步都有提示。它会问你一些问题，都与影响你人生充实感分数的因素有关：你目前的身体状况，你的自由时间，你花在人生体验上的开支，等等。还会问你每年的收入增长以及你投资的回报率。这些是确定你人生充实感的主要变量。这个过程中，你会理解为什么开发一个 app 如此重要：这些计算如果全由你自己来做，将费时费力、单调乏味，因为你需要多次迭代充实感算法，每年都要算一次，每年都要去更新你的健康得分，今年的输出要作为明年的输入，然后试着准确地将这些年所有的充实感得分加起来。这款 app 的神奇之处就在于，它能替你完成所有这些计算，又快又轻松。

还有一点就是，计算不止一次，因为你总的充实感得分取决于你的输入值，而输入值并非一成不变。借助这款 app，你可以尝试不同输入值，看看它们对你总分的影响。

最后，你甚至可以让这个模拟引擎"自行运行"。这款 app 的全部意义就是帮你以最高效、体验最大化的方式消耗生命能量，这也意味着要最小化你赚"无用的钱"的工作时间，所谓"无用的钱"就是那些你很可能永远用不到的钱。为了得到这样一个最优解，你可能在这款 app 上算一天都无法得到最佳答案。因此，你与其自己尝试不同场景，不如给你**无法控制**的变量设置一些假设条件，然后让 app 替你运行每种可能的模拟，找到最高充实感得分，并查看**可控**因素对应的最佳值。

答案因人而异，你看到自己的答案后，可能会有些吃惊，但是有一个基本原则是相同的：在最优组合决策之下，死前不会有钱留下。如果你希望最大化人生充实感，理想情况是，你需要在死前花光自己所有的钱。这正是本书的基本思想。

注释

1　极致人生

1. Amy Finkelstein, Erzo F. P. Luttmer, and Matthew J. Notowidigdo, "What Good Is Wealth Without Health? The Effect of Health on the Marginal Utility of Consumption," *Journal of the European Economic Association* 11 (2013): 221–58.

2. David Callahan, "The Richest Americans Are Sitting on $4 Trillion. How Can They Be Spurred to Give More of it Away?," *Inside Philanthropy,* https://www.insidephilanthropy.com/home/2018/12/4/ the-richest-americans-are-sitting-on-4-trillion-how-can-they-be-spurred-to-give-more-of-it-away.

3. Thomas Gold, *The Deep Hot Biosphere* (New York: Springer,

1998), digital edition, https://www.amazon.com/Deep-Hot-Bio sphere-Fossil-Fuels/dp/0387985468.

所有活生物体都需要能量才能存活，这是生物学常识，但是在读到托马斯·戈尔德（Thomas Gold）的《深部热生物圈》（原书名"The Deep Hot Biosphere"，对于能源交易员来说，这本书意义重大，因为戈尔德提出，地球上的石油蕴藏量比石油起源的化石燃料学说预测的要多得多，而预测石油价格的依据是其供应稀缺程度）之前，我都没有意识到这一常识的重要性。此书最吸引我的部分是有关人类起源的章节，人类从最简单的微生物进化为最复杂的生物，每一步都依赖储存在食物链低端的化学能。我全然接受了书中的一个观点，即我是和机器人或汽车一样的能量处理单元。这让我开始思考，我们的身体运动多么消耗热量，我们建造飞机这样的高速运输工具又是多么有趣——从本质上说，我们是能够建造其他能量处理单元的能量处理单元。如果你想寻找一种自我完善的可复制智能机器，那么近在眼前，就是所谓的人类。

2 投资体验

1. Aesop, "The Ants & the Grasshopper," in *The Aesop for Children* (Library of Congress), http://read.gov/aesop/052.html.

2. Gary S. Becker, "Human Capital," Library of Economics and Liberty, https://www.econlib.org/library/Enc/HumanCapital.html.

经济学家盖瑞·贝克（Gary Becker）发现健康、教育及培训是最重要的人力资本投资。

3. T. J. Carter and T. Gilovich, "I Am What I Do, Not What I Have: The Differential Centrality of Experiential and Material Purchases to the Self," *Journal of Personality and Social Psychology* 102 (2012): 1304–17, doi:10.1037/a0027407. https://cpb-us-e1. wpmucdn.com/blogs.cor nell.edu/dist/b/6819/files/2017/04/ CarterGilo.JPSP_.12-14i5eu8.pdf.

心理学研究证实，一个人的体验与自我感知密切相关，这就解释了为什么花钱买体验比买东西更让人快乐。例如，当某样东西（例如电视机）既可以视作财物，也可以视作体验，通过实验操作让参与者将其视作一种体验而非财务时，他们会觉得这次购物与其自我感知有更大的重叠。

4. David Bach, *Start Late, Finish Rich* (New York: Currency, 2006), https://www.amazon.com/dp/0767919475/ref=rdr_ext_tmb.

这个术语由个人理财作家大卫·巴赫（David Bach）提出，他将其注册为商标，还开发出一个计算器，帮用户计算减少经常性小额开销能带来多大收益。

3　为什么要死前归零？

1. "Income Percentile by Age Calculator for the United States in 2018," DQYDJ.com, last modified May 31, 2019, https:// dqydj. com/income-percentile-by-age-calculator/.

2. "Income Tax Calculator, Texas, USA," Neu- voo, https://

neuvoo.com/tax-calculator/?iam=&salary=75000&from=year&region=Texas.

3. Michael D. Hurd,"Wealth Depletion and Life-Cycle Consumption by the Elderly," in *Topics in the Economics of Aging,* ed.David A. Wise (Chicago: University of Chicago Press, 1992), 136, https://www.nber.org/chapters/c7101.pdf.

4. Hersh M. Shefrin and Richard H. Thaler, "The Behavioral Life-Cycle Hypothesis," in *Quasi Rational Economics,* ed. Richard H. Thaler (New York: Russell Sage Foundation, 1991),114.

5. 研究支出与储蓄的经济学家发现，老年人"散财"的速度不够快，他们给出的理由与我平时经常听到的两个理由相符："预防性储蓄"（为了消除钱被用光或者财产不够应付意外开销的恐惧）及"遗产动机"（那孩子们怎么办？）。

6. Jesse Bricker et al., "Table 2: Family Median and Mean Net Worth, by Selected Characteristics of Families, 2013 and 2016 Surveys," *Federal Reserve Bulletin* 103 (2017): 13, https://www. federalreserve .gov/publications/files/scf17.pdf.

7. Sudipto Banerjee, "Asset Decumulation or Asset Preservation? What Guides Retirement Spending?," *Employee Benefit Research Institute* issue brief 447 (2018), https://www.ebri.org/docs/default-source/ebri-issue-brief/ebri_ib_447_assetpreservation-3apr18.pdf?sfvrsn=3d35342f_2.

8. Michael K. Stein, *The Prosperous Retirement* (Boulder, Colo.: Emstco Press, 1998).

9. Dan Healing, "How Much Money Will You Need After You Retire? Likely Less Than You Think," *Financial Post,* August 9, 2018, https://business.financialpost.com/personal-finance/retirement/how-much-money-should-you-have-left-when-you-die-likely-less-than-you-think.

10. "Table 1300: Age of Reference Person: Annual Expenditure Means, Shares, Standard Errors, and Coefficients of Variation, Consumer Expenditure Survey, 2017," U.S. Bureau of Labor Statistics, https:// www.bls.gov/cex/2017/combined/age.pdf.

11. Peter Finch, "The Myth of Steady Retirement Spending, and Why Reality May Cost Less," *New York Times,* November 29, 2018, https://www.nytimes.com/2018/11/29/business/retire ment/retirement-spending-calculators.html.

12. Shin-Yi Chou, Jin-Tan Liu, and James K. Hammitt, "National Health Insurance and Precautionary Saving: Evidence from Tai-wan," *Journal of Public Economics* 87 (2003): 1873–94, doi:10.1016/S0047-2727(01)00205-5. 当中国台湾政府开始提供健康保险时，居民储蓄减少。

13. Michael G. Palumbo, "Uncertain Medical Expenses and Precautionary Saving Near the End of the Life Cycle," *Review of*

Economic Studies 66 (1999): 395–421, doi:10.1111/1467-937X.00092, https://academic.oup.com/restud/article-abstract/66/2/395/1563396.

14. Anna Gorman, "Medical Plans Dangle Gift Cards and Cash to Get Patients to Take Healthy Steps," *Los Angeles Times,* December 5, 2017, https://www.latimes.com/business/la-fi-medicaid-financial-incentives-20171205-story.html.

15. Ellen Stark, "5 Things You SHOULD Know About Long-Term Care Insurance," *AARP Bulletin,* March 1, 2018, https://www.aarp.org/caregiving/financial-legal/info-2018/long-term-care-insurance-fd.html.

4　如何花钱?

1. "Distribution of Life Insurance Ownership in the United Statesin 2019," Statista, https://www.statista.com/statis-tics/455614/life-insurance-ownership-usa/.

2. Ron Lieber, "The Simplest Annuity Explainer We Could Write," *New York Times,* December 14, 2018, https://www.nytimes.com/2018/12/14/your-money/annuity-explainer.html.

3. Richard H. Thaler, "The Annuity Puzzle," *New York Times,* June 4, 2011, https://www.nytimes.com/2011/06/05/business/economy/05view.html.

关于"年金之谜"的学术论文有不少,如果你想粗略了解这个概念,包括一些可能的答案,可以去看诺贝尔经济学奖得主理查德·塞勒的"经济学视角"专栏。

4. Gary Becker, Kevin Murphy, and Tomas Philipson, "The Value of Life Near Its End and Terminal Care" (working paper, National Bureau of Economic Research, Washington, D.C., 2007), http://citeseerx.ist.psu.edu/viewdoc/download? doi=10.1.1.446.7983 &rep=rep1&type=pdf.

5. "Final Countdown Timer," v. 1.8.2 (ThangBom LLC, 2013), iOS 11.0 or later, https://itunes.apple.com/us/app/final-countdown-timer/id916374469?mt=8.

这款 app 并非专门用于预期死亡时间的倒计时，你可以设置多个不同的日期（截止日期、周年纪念日等随你设置），这款 app 能帮你同时倒数。

5　那孩子们怎么办？

1. Laura Feiveson and John Sabelhaus, "How Does Intergenerational Wealth Transmission Affect Wealth Concentration?," *FEDS Notes,* Board of Governors of the Federal Reserve System, June 1, 2018, doi:10.17016/2380-7172.2209. https://www.federalreserve.gov/econres/notes/feds-notes/how-does-intergenerational-wealth-transmission-affect-wealth-concentration-20180601.htm.

2. Libby Kane, "Should You Give Your Kids Their Inheritance Before You Die?," *The Week,* August 21, 2013, https://theweek.com/

articles/460943/should-give-kids-inheritance-before-die.

3. Virginia Colin, interview by Marina Kra- kovsky, January 7, 2019.

4. Edward N. Wolff and Maury Gittleman, "Inheri- tances and the Distribution of Wealth or Whatever Happened to the Great Inheritance Boom?," *Journal of Economic Inequality* 12, no. 4 (December 2014): 439–68,doi:10.1007/s10888-013-9261-8.

5. Marina Krakovsky, "The Inheritance Enigma," *Knowable Magazine,* February 12, 2019,https://www.knowablemagazine.org/article/society/2019/inheritance-enigma.

6. William J. Chopik and Robin S. Edelstein, "Retrospective Memories of Parental Care and Health from Mid- to Late Life," *Health Psychology* 38 (2019): 84–93, doi:10.1037/hea0000694.

7. Carolyn J. Heinrich, "Parents' Employment and Children's Wellbeing," *Future of Children* 24 (2014): 121–46, https://www.jstor.org/stable/23723386.

8. Jere R. Behrman and Nevzer Stacey, eds., *The Social Benefits of Education* (Ann Arbor: University of Michigan Press, 1997), https://www.jstor.org/stable/10.3998/mpub.15129.

9. George Psacharopoulos and Harry Antony Patrinos, "Returns to Investment in Education: A Decennial Review of the Global Literature" (working paper, World Bank Group Education

Global Practice, Washington, D.C., April 2018), http://documents.
worldbank.org/curated/en/442521523465644318/pdf/WPS8402.pdf.

10. Paul J. Jansen and David M. Katz, "For Nonprofits, Time Is Money," *McKinsey Quarterly,* February 2002, https://pacscenter. stanford.edu/wp-content/uploads/2016/03/TimeIsMoney-Jansen_ Katz_McKinsey2002.pdf.

11. Jonathan Grant and Martin J. Buxton, "Economic Returns to Medical Research Funding," *BMJ Open* 8 (2018), doi:10.1136/ bmjopen-2018-022131.

6 平衡人生

1. Stephen J. Dubner and Steven D. Levitt, "How to Think About Money, Choose Your Hometown, and Buy an Electric Toothbrush," podcast transcript, *Freakonomics,* October 3, 2013, http://freakonomics.com/2013/10/03/how-to-think-about-money-choose-your-hometown-and-buy-an-electric-toothbrush-a-new-freakonomics-ra dio-podcast-full-transcript/.

2. Elizabeth Warren and Amelia Warren Tyagi, *All Your Worth: The Ultimate Lifetime Money Plan* (New York: Free Press, 2006), https://www.amazon.com/All-Your-Worth-Ultimate-Lifetime/ dp/0743269888.

3. Gyan Nyaupane, James T. McCabe, and Kathleen Andereck, "Seniors' Travel Constraints: Stepwise Logistic Regression

Analysis," *Tourism Analysis* 13 (2008): 341–54, https://asu. pure. elsevier.com/en/publications/seniors-travel-constraints-stepwise-logis tic-regression-analysis.

4. Robert M. Sapolsky, "Open Season," *New Yorker,* March 30, 1998, https://www.newyorker.com/magazine/1998/03/30/open-season-2.

5. Rachel Honeyman, "Proof That 65 Is Never Too Late to Kickstart Your Fitness Journey," GMB Fitness, November 20, 2016, https://gmb.io/stephen-v/.

6. Valerie Cross, "Jaime and Matt Staples Win $150,000 Weight Loss Bet from Bill Perkins," *PokerNews,* March 23, 2018, https://www.pokernews.com/news/2018/03/jaime-staples-set-to-collect-on-150k-weight-loss-prop-bet-30300.htm.

7. Ashley V. Whillans, Elizabeth W. Dunn, Paul Smeets, Rene Bekkers, and Michael I. Norton, "Buying Time Promotes Happiness," *Proceedings of the National Academy of Sciences* 114, no. 32 (August 8, 2017): 8523–27, doi:10.1073/pnas.1706541114.

8. J. B. Maverick, "What Is the Average Annual Return for the S&P 500?," *Investopedia,* last modified May 21, 2019, https:// www. investopedia.com/ask/answers/042415/what-average-annual-return-sp-500.asp.

7 分段人生

1. Bronnie Ware, *The Top Five Regrets of Dying: A Life Transformed by the Dearly Departing* (Carlsbad, Calif.: Hay House, 2012), https://www.amazon.com/Top-Five-Regrets-Dying-Transformed/dp/140194065X.

2. Kristin Layous, Jaime Kurtz, Joseph Chancellor, and Sonja Lyubomirsky, "Reframing the Ordinary: Imagining Time As Scarce Increases Well-Being," *Journal of Positive Psychology* 13 (2018): 301–8, doi:10.1080/17439760.2017.1279210.

8 了解你的峰点

1. Derick Moore, "Homeownership Remains Below 2006 Levels for All Age Groups," United States Census Bureau, August 13, 2018, https://www.census.gov/library/stories/2018/08/homeownership-by-age.html.

2. PropertyMetrics, "Understanding Present Value Formulas," *PropertyMetrics* blog, July 10, 2018, https://www.property- metrics.com/blog/2018/07/10/present-value-formulas/.

3. Carolyn O'Hara, "How Much Money Do I Need to Retire?," *AARP the Magazine,* https://www.aarp.org/work/retirement-planning/info-2015/nest-egg-retirement-amount.html.

4. Sarah Skidmore Sell, "'70 Is the New 65': Why More Americans Expectto Retire Later," *Seattle Times,* May 8, 2018,

https://www. seattletimes.com/nation-world/nation/more-americans-expect-to-work-un til-70-not-65-there-are-benefits/.

5. "When Do Americans Plan to Retire?," Pew Charitable Trusts, November 19, 2018, https://www.pewtrusts.org/en/research-and-analysis/issue-briefs/2018/11/when-do-americans-plan-to-retire.

6. Peter Gosselin, "If You're Over 50, Chances Are the Decision to Leave a Job Won't Be Yours," *ProPublica,* last modified January 4, 2019, https://www.propublica.org/article/older-workers-united-states-pushed-out-of-work-forced-retirement.

7. "Average Retirement Age in the United States," DQYDJ. com, last modified May 31, 2019, https://dqydj.com/aver age-retirement-age-in-the-united-states/.

8. "Report on the Economic Well-Being of U.S. Households in 2017," Board of Governors of the Federal Reserve System, last modified June 19, 2018, https://www.federalreserve.gov/publications/2018-economic-well-being-of-us-households-in-2017-retirement.htm.

9. Anne Kates Smith, "Retirees, Go Ahead and Spend a Little (More)," *Kiplinger's Personal Finance,* October 3, 2018, https://www. kiplinger.com/article/spending/T031-C023-S002-how-frugal-retirement-savers-can-spend-wisely.html.

10. Government Accountability Office, "Older Workers: Phased Retirement Programs, Although Uncommon, Provide Flexibility for Workers and Employers," report to the Special Committee on Aging, U.S. Senate, June 2017, https://www.gao.gov/products/GAO-17-536.

11. Stephen Miller, "Phased Retirement Gets a Second Look," Society for Human Resource Management, July 28, 2017,https://www.shrm.org/resourcesandtools/hr-topics/benefits/pages/phased-retirement-challenges.aspx.

12.《黄金女郎》重播：如果你不知道《危险边缘》是一档电视游戏节目，不知道《黄金女郎》是一出情景喜剧，那么你肯定来美国没多久。

9 要大胆，而不是愚蠢

1. "The Big Interview: 5 Minutes with... Jeff Cohen," *Chambers Associate,* n.d., https://www.chambers-associate.com/the-big-interview/jeff-cohen-chunk-from-the-goonies-lawyer.

2. Kathleen D. Vohs, Jennifer L. Aaker, and Rhia Catapano, "It's Not Going to Be That Fun: Negative Experiences Can Add Meaning to Life," *Current Opinion in Psychology* 26 (2019): 11–14, doi:10.1016/j.copsyc.2018.04.014.

图表数据来源

本书图 3、图 5、图 9 及图 10 中的净资产数据来自 United States Federal Reserve（2016）表 2。数据来自 Jesse Bricker et al., "Changes in U.S. Family Finances from 2013 to 2016: Evidence from the Survey of Consumer Finances." *Federal Reserve Bulletin* 103 (2017): 13. https://www.federal reserve.gov/publications/files/scf17.pdf。

图 4 中的数据来自 Board of Governors of the Federal Reserve System (2018) 图 3。数据来自 Laura Feiveson and John Sabelhaus, "How Does Intergenerational Wealth Transmission Affect Wealth Concentration?" FEDS Notes. Board of Governors of the Federal Reserve System. June 1, 2018, doi:10.17016/2380-7172.2209.

https://www.federalreserve.gov /econres/notes/feds-notes/how-does-intergenerational-wealth-transmission-affect-wealth-concentration-accessible-20180601.htm。

图 11 中的数据来自 Ann C. Foster, "Consumer Expenditures Vary by Age," *Beyond the Numbers* 4, No. 14 (December 2015), Bureau of Labor Statistics, https://www.bls.gov/opub/btn/volume-4/mobile/con sumer-expenditures-vary-by-age.htm。